pillole. 2
LINGUISTICA

Guida pratica all'italiano scritto

(senza diventare grammarnazi)

Vera Gheno

Franco Cesati Editore

ISBN 978-88-7667-600-0

Franco Cesati Editore
via Guasti, 2 - 50134 Firenze
www.francocesatieditore.com
e-mail: info@francocesatieditore.com

Cover design: ufficio grafico
Franco Cesati Editore.

Indice

I

I ferri del mestiere

All'università si scrive poco. La maggioranza degli esami è orale, e gli studenti tendono a prendere sempre meno appunti: molti, per esempio, fotografano direttamente le diapositive proiettate con il loro smartphone o tablet. Poi, dopo tre anni, arriva il momento di scrivere la tesi di laurea. Purtroppo, molte università non hanno un corso appositamente creato per insegnare a scriverla: dopo anni, dunque, in cui le esperienze di scrittura di testi scientifici sono state sporadiche, ci si aspetta che lo studente sia in grado di creare un testo strutturato, con un certo numero di pagine e che risponda a una lunga serie di criteri.

Purtroppo, sovente non si tiene conto del fatto che il laureando, nel corso degli anni universitari, ha collezionato una serie di lacune o, meglio, si è dimenticato molte cose. Facciamo un piccolo test.

Auto-test

1) Indica, in ognuna delle seguenti coppie di frasi, quella senza errori:

Mi sento un pò sola ultimamente.
Mi sento un po' sola ultimamente.

Non guadagniamo abbastanza da pagarci il mutuo.
Non guadagnamo abbastanza da pagarci il mutuo.

Io penso che è meglio se non ci vediamo più.
Io penso che sia meglio se non ci vediamo più.

Tanto và la gatta al lardo che ci lascia lo zampino.
Tanto va la gatta al lardo che ci lascia lo zampino.

Non organiziamo spesso feste così.
Non organizziamo spesso feste così.

2) Cerchia il sinonimo corretto dei seguenti termini:

necroforo: ferita mortale / becchino
cesura: interruzione / sanzione
reazionario: conservatore / rivoluzionario
amovibile: che può essere rimosso / che non può essere rimosso
avallare: appoggiare, sostenere / creare un avvallamento
cattività: cattiveria / prigionia

Normalmente, quasi tutti commetteranno qualche errore o nel primo o nel secondo esercizio. Qui diamo la lista delle risposte giuste; esamineremo nel dettaglio i vari errori nei capitoli successivi.

✓ *Po'* si scrive con l'apostrofo, non con l'accento: è uno degli errori più comuni in Italia.

✓ *Guadagniamo* va scritto con la *i*, come la prima persona plurale dell'indicativo presente di tutti i verbi, che si costruisce tramite il suffisso *-iamo*.

✓ La frase corretta è *io penso che sia...* Anche se spesso ci si lamenta della morte del congiuntivo, in realtà la situazione non è così tragica.

✓ *Va* si scrive senza accento. In compenso, vorrei ricordare la persona che mi ha corretto *lardo* in *largo* perché pensava che il modo di dire fosse *tanto va la gatta al largo che ci lascia lo zampino*: i famosi gatti acquatici!

✓ *Organizziamo* si scrive con due *z*, dato che il verbo è *organizzare*, non *organizare*. Questo errore nasce da una forma di ipercorrettismo su cui ci soffermeremo nei prossimi capitoli.

Passiamo all'esercizio sul lessico:

- ✓ *Necroforo* vuol dire *becchino*: alla faccia di chi afferma che conoscere le lingue antiche non serve a niente, chi ha studiato greco antico riconoscerà il prefisso *necro-* che significa 'relativo ai morti' e *-foro*, dal greco *-phoros*, derivato del verbo *phérō* 'io porto': *portatore di morti*. Molto carina l'interpretazione di alcuni studenti come *necro-fóro*, 'buco mortale' ovvero 'ferita'.
- ✓ *Cesura* significa *interruzione:* dal latino CAESŪRA(M), propriamente 'taglio', derivato di CAEDĔRE 'tagliare'.
- ✓ *Reazionario* significa *conservatore*: i primi reazionari furono gli oppositori della Rivoluzione Francese; in altre parole, erano coloro che manifestavano ostilità al cambiamento.
- ✓ *Amovibile*: non fatevi ingannare dalla *a-*, che in questo caso non significa 'assenza': in latino esistono entrambi i verbi, *moveo* e *amoveo*. Il secondo significa 'rimuovere'. *Amovibile* quindi è 'rimuovibile', mentre 'che non può essere rimosso' è *inamovibile*.
- ✓ *Avallare* ovviamente è diverso da *avvallare*: il primo deriva dal termine *avallo* che significa 'approvazione, autorizzazione'. Esiste anche *avvallare*, e viene usato ad esempio da Dante con il significato di 'scendere a valle': *or avvalliamo omai / tra le grandi ombre* (Purgatorio, canto VIII, vv. 83-84).
- ✓ *Cattività* equivale a *prigionia*: anche qui, può essere di aiuto sia il latino (CAPTĪVUS significa 'prigioniero') sia l'inglese *captive*, con lo stesso significato. Un buon consiglio potrebbe essere quello di evitare di ragionare per compartimenti stagni: fare paragoni tra lingue differenti può dare risultati interessanti!

Comunque sia andato il test, non occorre allarmarsi. Solo gli sciocchi non hanno dubbi o incertezze e sono convinti di non commettere errori. Non sapere tutto è naturale; la differenza tra la persona che tiene alla propria cultura e chi non se ne cura sta nel fatto che la prima, in caso di dubbio, andrà a verificare se le sue conoscenze sono corrette o errate. Per fortuna si può continuare a imparare per tutta la vita, basta affidarsi alle fonti giuste. Umberto Eco, in un aforisma ormai diventato celebre, pubblicato nel 1992 in una *Bustina di minerva* sull'Espresso, scrive: «Essere colti non significa ricordare tutte le nozioni, ma sapere dove andare a cercarle». Eco riprende lo stesso concetto anni più tardi, in un colloquio con Stefano Bartezzaghi: «Per me l'uomo colto non è colui che sa quando è nato Napoleone, ma quello che sa dove andare a cercare l'informazione nell'unico momento della sua vita in cui gli serve, e in due minuti»[1].

Chi studia presso una facoltà umanistica, magari aspirando a fare il linguista, ma anche il semplice appassionato di lingua italiana, può dotarsi di una piccola "cassetta degli attrezzi", che oggi è facilmente assemblabile anche tramite fonti online. Vediamone alcune.

1.1 Una grammatica

Sicuramente è importante avere sotto mano una grammatica: un dubbio linguistico può venire a chiunque, ed è bene non affidarsi al passaparola ma a fonti certe e incontrovertibili. Per la maggior parte dei problemi andrà bene una grammatica delle superiori; volendo investire su una grammatica nuova e buona, ce ne sono molte in circolazione, ma una delle più complete è *Grammatica italiana: Italiano comune e lingua letteraria*, di Luca Serianni in collaborazione con Alberto Castelvecchi (Torino, UTET, prima ed. 1989); si ricordi che la norma, seppure lentamente, si modifica, e quindi grammatiche più vecchie potrebbero riportare delle regole non più in voga oggi. Riparleremo di questo argomento nel capitolo 3 dedicato proprio alla norma. Oggi ci sono in circolazione anche bei volumi che hanno un taglio più "scanzonato": ad esempio,

1 Stefano Bartezzaghi, 2003, *Se tutta la conoscenza è un viaggio giocoso. A colloquio con Umberto Eco*, in *L'enciclopedia di Repubblica*, www.repubblica.it/speciale/2003/enciclopedia/idee/10.html.

Val più la pratica di Andrea De Benedetti (2009, Roma-Bari, Laterza) o *Come dire. Galateo della comunicazione* di Stefano Bartezzaghi (2011, Milano, Mondadori). Utili per approfondire e completare, ma chiaramente non possono sostituire una grammatica tradizionale.

1.2 Un vocabolario

Nessuno può dire di conoscere tutte le parole dell'italiano: nel prossimo capitolo vedremo anche perché. È normale, quindi, incontrare termini a noi sconosciuti. Il modo migliore per ovviare a questo è ricorrere a un vocabolario: quelli che si occupano del lessico del presente si chiamano *vocabolari dell'uso*. Ci sono i grandi classici, come lo *Zingarelli* o il *Devoto-Oli*. Magari ne avete uno in casa, ma se così non fosse – o se il dizionario fosse troppo datato (di venti o trent'anni fa) – ricordatevi che ci sono molti dizionari validi consultabili in rete. Una breve lista è inclusa nella sezione "strumenti digitali" in fondo a questo capitolo.

1.3 Testi che possono servire da guida:

- Grazia Basile, Anna Rosa Guerriero, Sergio Lubello, 2006, *Competenze linguistiche per l'accesso all'università*, Roma, Carocci.
- Fabio Rossi, Fabio Ruggiano, 2013, *Scrivere in italiano: dalla teoria alla pratica*, Carocci.

1.4 Manuali più specifici, ma "affrontabili":

- Grammatica: Luca Serianni, 2007, *Prima lezione di grammatica*, Roma-Bari, Laterza.
- Punteggiatura: Bice Mortara Garavelli, 2007, *Prontuario di punteggiatura*, Roma-Bari, Laterza.

- Linguistica: Tullio De Mauro, 2007, *Linguistica elementare*, Roma-Bari, Laterza.

1.5 Le fonti digitali

In qualsiasi campo, alle ricerche bibliografiche ormai si affianca normalmente la rete: le fonti elettroniche possono avere la stessa validità di quelle cartacee. Tuttavia, c'è una differenza: su Internet nessuno controlla la qualità del materiale pubblicato, ossia, non esiste nessuna autorità centrale che lo selezioni offrendo garanzia di qualità. Sul web, quindi, si troverà materiale di ogni sorta, e sta all'utente discernere quello valido.

Per quanto riguarda lo studio, l'ovvio consiglio è di cercare sempre di risalire alle fonti primarie, cioè non affidarsi alle citazioni di citazioni, ma approfondire nel tentativo di capire da dove siano tratte le informazioni. Occorre poi decidere se la fonte primaria possa essere considerata valida oppure no.

Merita un discorso a sé lo *user generated content*, il contenuto creato dagli utenti: in particolare, molte domande riguardano spesso l'affidabilità di Wikipedia. Gli estensori delle voci di Wikipedia sono gli utenti stessi, a loro volta controllati da altri utenti; il principio su cui si basa Wikipedia è quello virtuoso del *trust* di cervelli: tanti autori che si correggono a vicenda, migliorando la qualità del materiale; in parte, il principio funziona, ma proprio per la sua natura non ufficiale, e l'impossibilità di controllare il grado di preparazione degli estensori, in ambito accademico se ne sconsiglia l'impiego come fonte. In compenso, può essere molto utile usare la bibliografia delle voci: si può vedere quali testi abbiano preso come riferimento gli stessi estensori, e tali testi possono risultare utili anche alle nostre ricerche.

Riportiamo qui alcune fonti "certificate", soprattutto per questioni di carattere linguistico. L'elenco non è esauriente, ma è solo un abbozzo per iniziare, volendo, a creare la propria "lista dei preferiti".

Vocabolari

- Il Nuovo De Mauro: dizionario.internazionale.it
- Il Sabatini-Coletti: dizionari.corriere.it/dizionario_italiano
- Il Vocabolario Treccani: www.treccani.it/vocabolario

Dubbi grammaticali

- *Si dice o non si dice?* di Aldo Gabrielli: dizionari.corriere.it/dizionario-sidice/index.shtml, per risposte brevi.
- La sezione di Consulenza Linguistica del sito web dell'Accademia della Crusca per risposte più lunghe e ragionate: www.accademiadellacrusca.it/it/lingua-italiana/consulenza-linguistica
- La sezione Domande e Risposte del Portale Treccani: www.treccani.it/lingua_italiana/domande_e_risposte/grammatica/lista.jsp

Dubbi di pronuncia e grafia

E se il dubbio riguarda la grafia o la pronuncia di uno specifico termine o di un nome proprio? Vale la pena di consultare il **DOP, *Dizionario di Ortografia e Pronunzia***, che si trova all'indirizzo www.dizionario.rai.it. Non è un dizionario completo, ma contiene una lunga serie di nomi comuni e propri che danno problemi agli italiani: *Frìuli* o *Friùli*? *Nùoro* o *Nuòro*? *Leccòrnia* o *leccornìa*? *Rùbrica* o *rubrìca*? Chiedetelo al DOP, e avrete anche delle sorprese: scoprirete, ad esempio, che la pronuncia più corretta sarebbe *guaìna* e non *guàina*, dato che il termine deriva dal latino VAGĪNA, che all'epoca significava 'fodero per arnesi taglienti', assumendo solo in seguito il suo significato odierno.

Per consigli "pratici" sulla scrittura

Un ottimo strumento è *il Mestiere di Scrivere*: il sito web di Luisa Carrada, dedicato alla scrittura professionale www.mestierediscrivere.com.

Inglese!

Non possiamo certo dimenticarci dell'inglese, anche se stiamo scrivendo in italiano.

- *Oxford English Dictionary*: accesso gratis da molte istituzioni, oppure a pagamento www.oed.com
- *Merriam Webster*: www.merriam-webster.com
- *WordReference*: www.wordreference.com/it sia per l'inglese che per altre lingue: non sempre ineccepibile nelle definizioni, ma particolarmente interessante per le sezioni dei forum di discussione degli utenti, dove si trovano molte espressioni cristallizzate o polirematiche che talvolta i dizionari non lemmatizzano. La Rete ci permette di metterci in contatto con altre persone che hanno avuto magari lo stesso nostro dubbio prima di noi, non sottovalutiamolo!

Cercare libri nelle biblioteche

La ricerca bibliografica è parte importantissima del lavoro di uno studente – e di uno studioso. Prima di pensare ad acquistare i libri che servono, è bene sapere usare gli OPAC, ovvero gli *online public access catalogue*, cataloghi online ad accesso pubblico, delle biblioteche. Quello più importante per l'Italia è l'OPAC dell'SBN, Servizio Bibliotecario Nazionale, e si trova all'indirizzo opac.sbn.it. I criteri di ricerca dell'OPAC sono simili a quelli di Google, ai quali accenneremo di seguito.

Libri digitali

Forse non tutti sanno che, a parte Google Libri, esistono molte fonti digitali che mettono gratuitamente a disposizione libri online. Ci sono due indirizzi particolarmente ricchi per l'italiano: Biblioteca Italiana, www.bibliotecaitaliana.it e LiberLiber, www.liberliber.it. A questi due indirizzi, si trovano molte opere i cui diritti d'autore sono scaduti, e che quindi sono liberamente consultabili. Ma gli indirizzi interessanti sono moltissimi altri: la Biblioteca della Letteratura Italiana www.letteraturaitaliana.net e gli Scaffali Digitali dell'Accademia della Crusca www.accademiadellacrusca.it/it/scaffali-digitali sono solo alcuni esempi...

Acquistare libri

Può succedere che si abbia la necessità di acquistare dei libri. Certo, si può sempre andare nelle librerie "fisiche", ma spesso è più immediato consultare una libreria online. Le più grosse in Italia sono Amazon (www.amazon.it), Internet Bookshop (www.ibs.it) e Libreria Universitaria (www.libreriauniversitaria.it), ma ormai praticamente ogni casa editrice offre la possibilità di acquistare libri tramite il proprio sito web. Se invece cercate qualcosa di più vecchio, magari fuori commercio, date un'occhiata a Mare Magnum (www.maremagnum.com): non solo i cosiddetti *remainders*, le rimanenze di magazzino, ma anche opere antiche, rare o preziose.

Appendice
E per ricercare informazioni in Rete?

Tutti noi cerchiamo informazioni in Rete tramite Google, il motore di ricerca più usato al mondo (e anche il sito più frequentato al mondo, cfr. internet-map.net), ma molti meno sanno come funzioni.

Prima di tutto è importante sapere che la digitazione delle parole nella finestra di ricerca non è altro che l'ultimo atto di un procedimento molto lungo. In primo luogo, quando noi effettuiamo la nostra ricerca, questa viene svolta non sul web vero e proprio, ma su una *copia* del *worldwide web* (WWW) mantenuta sui server di Google, che è organizzata in modo da garantirci risposte in tempi brevissimi. Questa copia viene costruita in tre fasi:

1. durante il *crawling*, alcuni programmi chiamati *bot*, *crawler* o *spider* raccolgono informazioni sui siti viaggiando incessantemente per il web e registrando siti nuovi, siti defunti o cambiamenti sui siti già noti;
2. nella fase di *indexing*, il materiale viene *indicizzato*, messo, insomma, in ordine. Già a questo punto noi potremmo avere velocemente una risposta alle nostre domande (o *query*), ma manca un passaggio fondamentale;

3. nell'ultima fase, chiamata *ranking*, a ogni sito viene assegnato un punteggio che ne definisce la posizione sulla SERP, la *search engine results page*, la pagina dei risultati del motore di ricerca. Tale posizione dipende da più fattori, tra cui, ad esempio, la capacità dell'autore di trattare un argomento (*topic*) in modo che i testi rispondano in maniera precisa alle domande (*query*) delle persone, la popolarità del sito, la sua autorevolezza[2], la quantità e la qualità di collegamenti esterni che rimandano al sito stesso (si parla di *backlink*), gli aspetti più tecnici (per es. la velocità di caricamento delle pagine) e molto altro ancora[3]. Ne consegue che, per quanto gli algoritmi di Google funzionino bene, non è sempre detto che il primo risultato visibile sia il migliore in assoluto. Lo sarà molto spesso, ma, considerando i parametri che ne definiscono la posizione, non lo sarà per forza sempre. Insomma, quando leggete la SERP, andate *oltre* la prima cosa che trovate: per esempio, se uno dei fattori che regolano la posizione di un sito è la sua popolarità, è probabile che il primo link della lista riceva un grande numero di click solo perché è, appunto, il primo della lista. Questo porta a una specie di *autoalimentazione* della popolarità, anche se magari quel link non rappresenta la migliore risposta alla nostra domanda.

Una volta compreso come funziona Google "dietro le quinte", possiamo passare alla ricerca vera e propria. Ecco alcune dritte.

- La maggior parte dei motori di ricerca non è *case sensitive*, cioè non fa distinzione tra maiuscole e minuscole: quindi, digitare le maiuscole è superfluo.
- Allo stesso modo, i motori di ricerca generalmente hanno una lista di *stop words*, parole che non vengono indicizzate e quindi non vengono cercate anche se le digitiamo. Questi termini, in linea di massima, corrispondono alle parole *semanticamente vuote*, ovvero a quelle che non sono rilevanti come significato ma servono per tenere insieme le parole *semanticamente piene*. Quindi, nel fare una ricerca, non serve digitare *pronomi*, *preposi-*

2 Per comprendere un po' meglio la complessità del concetto di *autorevolezza* in questo ambito, conviene leggere le linee guida di Google rispetto ai criteri di qualità (delle pagine web rispetto a una query). La versione consultata per questo lavoro si trova all'indirizzo tinyurl.com/jxuxnk7. Per aggiornamenti, conviene consultare anche il blog webmasters.googleblog.com.

3 Ringrazio Valentina Falcinelli per la preziosa consulenza su questo argomento.

zioni, *articoli*, *congiunzioni*... se dobbiamo, quindi, cercare *Il signore degli anelli*, basterà digitare *signore* e *anelli*.

- Infine, la maggior parte dei motori di ricerca non è sensibile nemmeno alle lettere con segni diacritici: dieresi, tilde, cediglia... possiamo quindi digitare *barone munchhausen* invece di *Il barone di Münchhausen*.
- Quando noi digitiamo più di una parola chiave, Google troverà tutte le pagine che contengono quelle parole, non per forza in quella sequenza e non per forza contigue. Se invece vogliamo trovare solo le pagine in cui quelle parole compaiono in quell'esatta sequenza, conviene usare le virgolette: a quel punto, Google cercherà esattamente quelle parole in quella sequenza, come se fossero un'unica parola chiave: per esempio, cercando "luca serianni", così, tra virgolette, troveremo tutte le pagine in cui compare esattamente questa stringa. Si chiama *ricerca per frase esatta* ed è molto utile per ottenere dei risultati di ricerca più "puliti".
- Infine, nel caso volessimo cercare un termine esatto, senza varianti, basta anteporvi un "+": +*cavaliere* ci permetterà di trovare solo le pagine che contengono il termine *cavaliere* e non *cavalieri* o *cavaglieri*.
- Google ci aiuta anche con una funzione di autocorrezione, per il caso in cui commettessimo degli errori di grafia banali nello scrivere le nostre chiavi di ricerca. Attenzione, però, a non seguire pedissequamente i suggerimenti: talvolta, alcuni errori sono così comuni da diventare la forma più ricercata, portando fuori strada l'algoritmo di Google e inducendolo a suggerirci una cosa sbagliata.

Per saperne ancora di più, si può accedere alla ricerca avanzata di Google all'indirizzo www.google.it/advanced_search e fare qualche esperimento[4].

→ **Un'ultima curiosità: sapete a cosa serve il tasto *Mi sento fortunato*?**

Se avete digitato delle parole chiave, premendo quel tasto accederete direttamente alla pagina che verrebbe per prima nella SERP. Se invece non digitate niente, verrete portati alla pagina che raccoglie i *doodle* di Google, ovvero tutte le variazioni all'immagine della testata (www.google.com/doodles).

4 È possibile anche consultare la pagina *Modalità di ricerca su Google* all'indirizzo support.google.com/websearch/answer/134479?hl=it&ref_topic=3081620.

Lettura Italo Calvino, 1993 [1988], *Esattezza*, in *Lezioni americane. Sei proposte per il prossimo millennio*, Milano, Mondadori, pp. 65-67.

In questo brano, Italo Calvino ci fornisce degli insegnamenti rilevanti. Intanto, ci spiega che per scrivere un testo "buono" occorre prima avere le idee molto chiare; poi, che occorre rivedere il proprio testo più e più volte per perfezionarlo, ovvero che la prima stesura non è per forza la migliore. Infine, ci espone alcuni di quelli che secondo lui sono i mali della comunicazione a lui contemporanea, che poi sono gli stessi di cui ci potremmo lamentare oggi: un certo uso banale delle parole, che toglie loro potenza, e un'inutile sovrabbondanza di immagini. Il brano è stato scritto nella seconda metà degli anni Ottanta ma si dimostra attualissimo.

Cercherò prima di tutto di definire il mio tema.
Esattezza vuol dire per me soprattutto tre cose:

1. un disegno dell'opera ben definito e ben calcolato;
2. l'evocazione d'immagini visuali nitide, incisive, memorabili; in italiano abbiamo un aggettivo che non esiste in inglese, «icastico», dal greco εικαστικός;
3. un linguaggio il più preciso possibile come lessico e come resa delle sfumature del pensiero e dell'immaginazione.

Perché sento il bisogno di difendere dei valori che a molti potranno sembrare ovvii? Credo che la mia prima spinta venga da una mia ipersensibilità o allergia: mi sembra che il linguaggio venga sempre usato in modo molto approssimativo, casuale, sbadato, e ne provo un fastidio intollerabile. Non si creda che questa mia reazione corrisponda a un'intolleranza per il prossimo: il fastidio peggiore lo provo sentendo parlare me stesso. Per questo cerco di parlare il meno possibile, e se preferisco scrivere è perché scrivendo posso correggere ogni frase tante volte quanto è necessario per arrivare non dico a essere soddisfatto delle mie parole, ma almeno a eliminare le ragioni d'insoddisfazione di cui posso rendermi conto. La letteratura – dico la letteratura che risponde a queste esigenze – è la Terra Promessa in cui il linguaggio diventa quello che veramente dovrebbe essere.

Alle volte mi sembra che un'epidemia pestilenziale abbia colpito l'umanità nella facoltà che più la caratterizza, cioè l'uso della parola, una peste del linguaggio che si manifesta come perdita di forza conoscitiva e di immediatezza, come automatismo che tende a livellare l'espressione sulle formule più generiche, anonime, astratte, a diluire i significati, a smussare le punte espressive, a spegnere ogni scintilla che sprizzi dallo scontro delle parole con nuove circostanze.

Non m'interessa qui chiedermi se le origini di quest'epidemia siano da ricercare nella politica, nell'ideologia, nell'uniformità burocratica, nell'omogeneizzazione dei mass-media, nella diffusione scolastica della media cultura. Quel che mi interessa sono le possibilità di salute. La letteratura (e forse solo la letteratura) può creare degli anticorpi che contrastino l'espandersi della peste del linguaggio.

Vorrei aggiungere che non è soltanto il linguaggio che mi sembra colpito da questa peste. Anche le immagini, per esempio. Viviamo sotto una pioggia ininterrotta d'immagini; i più potenti media non fanno che trasformare il mondo in immagini e moltiplicarlo attraverso una fantasmagoria di giochi di specchi: immagini che in gran parte sono prive della necessità interna che dovrebbe caratterizzare ogni immagine, come forma e come significato, come forza d'imporsi all'attenzione, come ricchezza di significati possibili. Gran parte di questa nuvola d'immagini si dissolve immediatamente come i sogni che non lasciano traccia nella memoria; ma non si dissolve una sensazione d'estraneità e di disagio.

Ma forse l'inconsistenza non è nelle immagini o nel linguaggio soltanto: è nel mondo. La peste colpisce anche la vita delle persone e la storia delle nazioni, rende tutte le storie informi, casuali, confuse, senza principio né fine. Il mio disagio è per la perdita di forma che constato nella vita, e a cui cerco d'opporre l'unica difesa che riesco a concepire: un'idea della letteratura.

II

Il lessico

2.1 Il lessico, il vocabolario, le marche d'uso

Il lessico, ovvero l'insieme di tutte le parole di una lingua, è un sistema aperto, indefinito e virtualmente infinito, che cambia di continuo, arricchendosi di parole nuove da una parte e perdendo termini non più in uso dall'altra[3]. L'ampiezza di una lingua di cultura, quale l'italiano, può andare dalle 150.000 parole senza varianti, tecnicismi, regionalismi e forestierismi fino alle 6-700.000. Uno dei dizionari più completi della nostra lingua, il *Grande Dizionario Italiano dell'Uso* a cura di Tullio De Mauro (GRADIT)[4], ne contiene complessivamente 328.387, di cui 260.709 monorematiche (lemmi formati da un'unica parola) e 67.678 polirematiche (lemmi formati da due o più parole staccate, la cui combinazione assume un significato nuovo, diverso dalla semplice somma dei componenti, come *ferro da stiro*, *scala mobile* o *lotta di classe*). Perfino il GRADIT, dunque, non registra che una parte delle parole dell'italiano. Se vi foste mai chiesti come si fa a decidere l'ingresso di un termine nel vocabolario, si adotta, solitamente, una combinazione di criteri quantitativi e qualitativi: quanto, cioè, quella parola è impiegata dai parlanti e in che contesti; ad esempio, se una parola è uscita da contesti gergali, e si è diffusa sui mezzi di comunicazione di massa, ha buona probabilità di essere inserita nel vocabolario. Non c'entrano i gusti personali

3 Per approfondimenti: leggere la voce *lessico* nell'Enciclopedia dell Italiano Treccani, www.treccani.it/enciclopedia/lessico_(Enciclopedia_dell'Italiano).

4 Per questo lavoro è stato consultato il GRADIT 2007 (Torino, UTET).

dell'estensore, e non vengono censurate le "parole brutte". Il dizionario descrive, non giudica.

Parlando del vocabolario, abbiamo chiamato le parole *lemmi*: il lemma, tecnicamente, è la forma di una parola scelta per rappresentare tutta la sua flessione in un vocabolario. Avremo, quindi, per italiano, l'*infinito* dei verbi, il *singolare* dei sostantivi, il *maschile singolare* degli aggettivi a quattro uscite e così via.

Il lessico di una lingua non è un *blob* informe, in cui tutte le parole vengono usate nello stesso modo e con la stessa frequenza. Proprio per esplicitare questo, il GRADIT e anche il Nuovo De Mauro riportano, accanto a ogni lemma, una sigla di due lettere che ci dà delle informazioni aggiuntive riguardo alla sua diffusione e all'uso: sono le *marche d'uso*.

Le prime tre marche d'uso – applicate sia alle mono- sia alle polirematiche – sono:

<u>FO</u>: parole *fondamentali*; sono 2.077 e costituiscono il 90% dei nostri discorsi quotidiani; detto altrimenti, le parole che usiamo di più sono una parte piccolissima del lessico. Esempi: *casa*, *gamba*, *salto*.

<u>AU</u>: parole di *alto uso*; sono 2.665, costituiscono un altro 6% dei nostri discorsi di ogni giorno. Sono, insomma, parole molto conosciute, ma che usiamo più raramente delle FO. Esempio: *barzelletta*, *edera*, *rivelazione*.

<u>AD</u>: parole di *alta disponibilità*; sono 1.988 parole che non usiamo spesso ma che conosciamo bene dall'uso intensivo che ne fanno i mezzi di comunicazione di massa. Esempio: *dogana*, *invitato*, *tagliola*.

I lemmi segnalati con queste tre marche d'uso formano, complessivamente, il *vocabolario di base*[5], che comprende le circa 7.000 parole che tutti usiamo ampiamente per costruire ogni tipo di testo. Le altre marche d'uso sono le seguenti:

---

5 È possibile approfondire la questione in Tullio De Mauro, 2007 [1980], *Guida all'uso delle parole*, Roma, Editori Riuniti.

CO: 68.782 lemmi che sono usati in contesti generici, indipendentemente da settori specifici del sapere, come *camionista*, *sedimentare*, *veranda*.

RE: 7.399 lemmi definiti *regionalismi*, che ricorrono soprattutto in una determinata regione d'Italia ma possono essere diffusi anche altrove, come *scandola*, regionalismo settentrionale per 'assicella di legno usata talvolta al posto delle tegole per ricoprire i tetti, spec. in costruzioni di alta montagna' o il toscano *mesticheria*, 'negozio di vernici e colori' o 'negozio di ferramenta e casalinghi'.

DI: altri 609 lemmi *dialettali*, ovvero che derivano e sono in uso in uno specifico dialetto, come il veneto *acquadore* 'canale che porta acqua dolce nella valle lagunare adibita all'allevamento dei pesci' o il siciliano *fuitina* 'tradizionale fuga prematrimoniale di giovani promessi sposi, in genere concordata con le famiglie, in virtù della quale, rendendosi indispensabile una rapidissima riparazione dell'onore femminile violato, è giustificato procedere a nozze senza l'onere di costosi ricevimenti'.

ES: 9.389 termini classificati come *esotismi*, ovvero *forestierismi*, parole prese in prestito da altre lingue per vari motivi che illustreremo in seguito. Non si trova solo l'inglese (che ammonta a 6.123 lemmi) nel vocabolario italiano: le lingue dalle quali gli italiani hanno "pescato" termini sono numerose: si vedano, ad esempio, l'ungherese *puszta*, il russo *glasnost*, il giapponese *tsunami*.

Per ognuna di queste ultime tre marche d'uso, accanto alla sigla di due lettere si troverà specificata la regione, il dialetto o la lingua di provenienza del lemma: *tosc.* per 'toscano', *ungh.* per 'ungherese' e così via.

LE: molto importanti nell'italiano sono gli 8.963 lemmi marcati come *letterari*: fondamentalmente sono le parole che si ritrovano nei testi della nostra tradizione letteraria. De Mauro elenca come "canonici" i seguenti autori: Dante, Petrarca, Boccaccio, Poliziano, Ariosto, Tasso, Machiavelli, Parini, Foscolo, Leopardi, Manzoni, Carducci, Pascoli, D'Annunzio, Croce. Esempio: *abbarbagliare* usato da Leopardi per 'abbagliare': *e m'abbarbaglia / le luci il crudo Sol* (Canto XXXVIII, "Io qui vacando", vv. 14-15)[6].

TS: 178.234 termini propri di qualche settore tecnico-specialistico, legati quindi soprattutto a un uso scientifico o settoriale, come *cinologia*, proprio della veterinaria, che significa 'branca della veterinaria che si occupa dello studio dei cani'. Anche in questo caso, accanto alla marca d'uso compare la specificazione del settore d'impiego.

BU: i 33.970 termini marcati di *basso uso* sono quelli rari, ma che ancora si incontrano in testi del Novecento, come *penetracolo* 'anfratto', usato da Moravia nei *Racconti* del 1942.

OB: infine, abbiamo 21.097 termini marcati come *obsoleti*, ossia in disuso: sono i termini che ormai non sono usati quasi per niente, ma rimangono comunque inseriti nei dizionari più comuni, come *dameria* per 'comportamento dignitoso proprio di una dama; sussiego'.

È abbastanza intuitivo che nessuno possa conoscere tutte le parole della propria – o di un'altra – lingua: una persona mediamente colta conosce tra i 30.000 e i 50.000 vocaboli. In più, l'insieme delle strutture linguistiche che una persona possiede e usa, detto *idioletto*, è composto diversamente per ognuno di noi, e conterrà non solo parole della nostra lingua madre, ma di tutte le altre lingue che conosciamo, come pure dei dialetti e dei linguaggi specialistici che ci riguardano in qualche modo, o per il lavoro che facciamo o per gli studi che abbiamo intrapreso o anche per i nostri hobby. Conseguenza di tutto quanto detto è che a ogni persona, nel corso della sua vita, capiterà di dover andare a controllare nel vocabolario il significato di un termine mai sentito prima. E in particolar modo quando si studia, va tenuto a mente che non si impara veramente una cosa finché non se ne ha perfettamente chiaro il significato. Questo vuol dire che se, studiando, omettete di andare a control-

6 Le opere di Leopardi si trovano online sul sito di Casa Leopardi (www.giacomoleopardi.it/giacomo-leopardi/opere) e su quello del Centro Nazionale di Studi Leopardiani (www.leopardi.it).

lare il significato di un termine che non conoscete, magari imparerete a memoria quel pezzo di testo ma non ne avrete mai una conoscenza interiorizzata.

Qualcuno obietterà che le marche d'uso non servono a molto, ma si pensi a quanto potrebbero essere utili nel caso che si debba scrivere un documento a un pubblico indifferenziato: usare parole molto conosciute, come quelle del vocabolario di base, è sicuramente una scelta più efficace che non scegliere termini poco noti o in disuso; in questo modo, infatti, si garantirà che il maggior numero possibile di persone comprenda il testo da noi prodotto. Basta, del resto, osservare per un attimo la realtà linguistica che ci circonda per capire che spesso non è così. Il problema di *vidimare il titolo di viaggio* è che, in nome della maggiore precisione semantica (*vidimare* non è *timbrare*, *titolo di viaggio* non è solo il *biglietto*), si sacrifica la comprensibilità ai danni, per esempio, del turista che ha con sé solo un dizionarietto dell'italiano.

2.2 Come cresce il lessico di una lingua

Il lessico di una lingua, dunque, è potenzialmente infinito, ovvero si continuano a creare parole nuove: tutte quelle che servono. E come si creano queste parole? I canali sono due: la via *esogena*, 'dall'esterno', e la via *endogena*, 'dall'interno'.

Il ricorso ad altre lingue

La via esogena è quella che implica il ricorso ad altre lingue: prendiamo un termine di un'altra lingua e lo inseriamo nella nostra, o adattandolo (nel qual caso si ha a che fare con un *prestito adattato*, come *bistecca* da *beef-steak*) o non adattandolo (in questo caso si parla di *prestito non adattato* o *integrale*, come *computer*, *night-club* o *selfie*[7]).

7 Per un approfondimento su *selfie* è possibile leggere la scheda preparata da Simona Cresti per la sezione Parole Nuove del sito web dell'Accademia della Crusca: www.accademiadellacrusca.it/it/lingua-italiana/parole-nuove/selfie.

Nell'ambito dei prestiti possiamo anche fare un'altra distinzione, tra *prestiti di necessità* e *prestiti di lusso*.

Come dicono i termini, i **prestiti di necessità** sono quelli che servono davvero, magari perché viene "importato" un oggetto, un fenomeno, qualcosa che in italiano non ha una sua definizione. Per fare un esempio a noi vicino, è vero che *tsunami* può essere tradotto con *onda anomala*, ma il peso semantico del termine giapponese è infinitamente superiore alla sua traduzione italiana, che non rende perfettamente il senso di distruzione che lo tsunami del 2006 ci ha mostrato.

I **prestiti di lusso** sono invece quelli che, tutto sommato, sarebbero superflui, non supplendo a un reale bisogno o a una mancanza della nostra lingua, come *fashion* per *alla moda* o *meeting* per *riunione*. Sono soprattutto i termini inglesi che danno più fastidio, perché si usano spesso per snobismo, per una posa. Chi si lamenta della quantità di anglismi nella nostra lingua normalmente si riferisce proprio ai prestiti di lusso. Cerchiamo di non eccedere nell'uso, e di distinguere i forestierismi innecessari da quelli davvero difficili da sostituire. Pensiamo per esempio al verbo *taggare* e a quello che indica su Facebook: come si potrebbe tradurre in italiano senza perifrasi molto lunghe?

Arrigo Castellani, studioso e accademico della Crusca, in un articolo del 1987[8] proponeva una lista di traducenti per anglismi particolarmente diffusi:

AIDS: [la] SIDA
baby: bebè / pupo
baby-sitter: guardabimbi
banjo: bangio
baseball: pallabase / pallabbase
basket: canestro
basketball: pallaccanestro
bazooka: bazzuca
beat: bitto
beatnik: bittone
bestseller: vendissimo
big: grande
big bang: gran botto
bikini: bichini
black-out: abbúio
blue-jeans: ginsi
bluff: bluffo
boogie-woogie: bughivughi
bookmaker: allibratore
boom: bum / bumme
boomerang: bumerango
boss: bosso

8 Arrigo Castellani, 1987, *Morbus anglicus*, in «Studi linguistici italiani» 13, pp. 137-153.

bow-window: bovindo
boxe: pugilato
brandy: brandi
bridge: briggio / brigge
budget: bilancio
bulldog: buldogo
bungalow: búngalo
bunker: búnchero
business: impresa / azienda
businessman: uomo d'affari
cameraman: telecamerista / camerista
camping: campeggio
canyon: canione
computer: computiere [vedi pallottoliere]
digital: numerico / cifrale
film: filme
hobby: ubíno [usato dall'Ariosto = 'cavallino'; stessa etimologia di hobby]
intercity: intercittà
jogging: trotterello
knock-out: fuori combattimento
OK: va bene / sta bene / bene
performance: performanza
perform: performare
pesticide: insetticida
record: primato
shopper: sacchetto
smog: fúbbia [fumo + nebbia]
sport: sporte
standard: stàndaro [sul modello dello spagnolo estándar]
weekend: intrèdima ['tra due settimane'] [sf]
whisky: guisco
windsurf: velopàttino
windsurfer: velopattinista / [piú genericamente] velista

Castellani si muove generalmente nell'ambito dell'adattamento morfologico all'italiano, come nel caso di *bumerango* o *stàndaro*, ma non mancano neocòni interessanti, come *fubbia* (da *fumo+nebbia*) per *smog* o *intrèdima* per *week-end*. Alcune delle parole proposte da Castellani possono anche farci sorridere, ma è importante ricordare sempre una cosa: l'uso delle parole non è normato, cioè regolato, da un ente o da una cerchia ristretta di persone, ma dai parlanti. Il successo – o insuccesso – di una parola dipende esclusivamente dalle scelte dei parlanti di una data lingua. È in questo modo che alcuni termini si diffondono e altri, invece, non ce la fanno. Se per qualche motivo persone culturalmente o socialmente influenti (degli *influencer*, si dice oggi) iniziassero a usare *fubbia* per *smog*, questo termine potrebbe anche diffondersi: chi può dirlo? Le reazioni di fastidio davanti ai neologismi sono abbastanza diffuse, con commenti come "che brutta parola", "fate qualcosa per fermarne l'uso", ma pochi si rendono conto del fatto che nessun ente *obbliga* le persone a usare o a non usare un certo termine; si tratta solamente della percezione di necessità oppure della marca di prestigio che si pensa che l'uso di quella parola possa dare.

E infine, se proprio dobbiamo usare l'inglese, stiamo anche attenti ai *falsi amici*, ovvero alle parole di altre lingue che, avendo forma (o *significante*, per citare Saussure) simile a quella di termini dell'italiano, ma significato diverso, vengono talvolta impiegate erroneamente; in alcuni casi, la pressione dell'inglese è tale da avere almeno parzialmente modificato il significato della parola anche in italiano, come per *realizzare*, che in italiano significherebbe 'portare a compimento', 'esprimere a pieno', ma che per spinta dell'inglese *to realize* oggi si usa comunemente anche per 'rendersi conto': *ho realizzato che stavo sbagliando*; o ancora, simile è il caso di *suggestione*, che in italiano significa 'processo psichico in virtù del quale un individuo accetta, senza compiere una verifica razionale, un'idea, un'opinione, una scelta fatta da altri, o si identifica in una condizione altrui, senza aver patito imposizioni né avere consapevolezza dell'influenza che subisce'[9] usato, sulla scorta dell'inglese *suggestion*, per *suggerimento*. Altri falsi amici, ma molto meno diffusi, sono *parent* 'genitore' per *parente*, *janitor* 'custode' scambiato per *genitore*, *accident* 'incidente' scambiato per *accidente*, ecc.

La via endogena

Come fa, invece, una lingua a crescere "dall'interno"? Un idioma come l'italiano ha tante vie di arricchimento lessicale interno. Vediamone solo alcune tra le più interessanti, elencando per prime le più comuni.

- **La creazione di <u>derivati</u>** con la modifica di una parola preesistente tramite prefissi o suffissi: *illuso* > *disilluso* o *giornale* > *giornalista*. Se è vero che praticamente ogni parola può venire alterata da un prefisso, suffisso o infisso, sono interessanti ai fini della lessicografia i casi in cui tale alterato si lessicalizza, diventa cioè parola indipendente: *telefono* > *telefonino* (non più un piccolo telefono, ma il telefono cellulare) *ombrello* > *ombrellone* (non più un grande ombrello, ma il parasole da spiaggia), *messaggio* > *messaggino* (non più un piccolo messaggio, ma l'SMS inviato con il cellulare).

9 Le definizioni sono tratte dal Nuovo De Mauro, dizionario.internazionale.it, nel seguito abbreviato in NDM.

- **La creazione di composti**, in altre parole l'unione o l'accostamento di due unità di lessico: *compravendita*, *bagnasciuga*, *capoclasse*, *ferrovia* e *scala mobile*, *ferro da stiro*, *lotta di classe*. Nel caso in cui le parole che compongono il lemma siano scritte separate, si crea una *polirematica*, ossia un 'gruppo di parole che ha un significato unitario, non desumibile da quello delle parole che lo compongono, sia nell'uso corrente sia in linguaggi tecnico-specialistici, come in italiano *vedere rosso* "adirarsi" o *scala mobile* "crescita dei salari al crescere dell'inflazione"' (NDM).

Altri metodi per l'arricchimento del lessico sono:

- **la creazione ex novo**, come nel caso dei nomi delle medicine o dei marchionimi, ovvero nomi propri di marchi che diventano nomi comuni, come *rimmel*, *scottex*, *tampax*;
- **la metafora**, come *gru* che prima indicava l'animale e poi anche la 'macchina per il sollevamento e lo spostamento di carichi, costituita da un braccio fisso o mobile che sostiene una carrucola' (NDM) o *navigare*, che oggigiorno assume anche il significato di *esplorare il web*;
- **il passaggio di categoria grammaticale**, come quello da aggettivo a sostantivo (gli *Azzurri* per indicare la nostra squadra nazionale) o da verbo a sostantivo (*badante* dal verbo *badare*);
- **la riduzione**, come *portatile* per *computer portatile* o *foto* da *fotografia*;
- **l'abbreviazione o la fusione**, come *co.co.co.* da *collaborazione coordinata e continuativa* o *colf* da *collaboratrice familiare*.

2.3 Come usare i dizionari

Abbiamo già accennato ai dizionari, parlando principalmente di quelli che consultiamo per verificare il significato attuale di una parola. In realtà, questa è solo una delle tipologie di dizionari – o vocabolari – in circolazione: sono i cosiddetti **vocabolari dell'uso**. I vocabolari dell'uso sono quelli che useremo più spesso, ma in alcuni casi dovremo invece ricorrere ad altri strumenti.

- Se vogliamo conoscere l'origine di una parola, consulteremo un **dizionario etimologico**.
- Se desideriamo sapere come sia cambiato il significato di una parola nel corso della sua storia, andremo su un **dizionario storico**. Il più famoso e consultato è il *Grande Dizionario della Lingua Italiana*, detto "Il Battaglia" poiché il suo iniziatore è stato Salvatore Battaglia (1961-2002, Torino, UTET).
- Se vogliamo sapere tutti i significati di un termine in un contesto specialistico, ricorreremo a un **dizionario specialistico** (della linguistica, della medicina, dell'astronomia...).

Ricordiamo, infine, una cosa. I dizionari dell'uso non sono *prescrittivi*, ma *descrittivi*: ci mostrano *come* venga usata o pronunciata o scritta una parola, indicandoci, ad esempio, anche una pronuncia meno corretta ma più diffusa. Se vogliamo avere l'assoluta certezza di sapere, ad esempio, quale sia la pronuncia corretta di un termine, è meglio affidarsi al già citato DOP, il *Dizionario di Ortografia e Pronunzia*; questo, invece, è un dizionario *prescrittivo*, quindi vi dirà specificamente quale sia l'uso (più) corretto.

Non fate l'errore tipico di chi non distingue un dizionario da un altro, di andare sulla Prima Impressione del Vocabolario degli Accademici della Crusca[10], risalente al 1612, e poi lamentarvi di non trovare un termine come *computer*: un dizionario di più di quattro secoli fa può servire per fare delle ricerche storiche, non per le parole della nostra contemporaneità!

10 Consultabile anche in Rete assieme alle altre *Impressioni*, o edizioni, del Vocabolario, all'indirizzo www.lessicografia.it.

Appendice
Come leggere un lemma nel vocabolario

Per questo approfondimento, prenderemo un lemma dal Nuovo De Mauro.

Cerchiamo, dunque, il termine RADIO, e apriamo il dizionario alla voce [1]RADIO.

1. Per prima cosa, vediamo il **lemma**, indicato in grassetto.
2. Sotto al lemma troviamo la divisione in sillabe con l'indicazione dell'accento. In caso di esotismi, troveremo anche una descrizione della pronuncia con il ricorso ai caratteri dell'IPA, ossia dell'alfabeto fonetico internazionale. Altri vocabolari non indicano l'accento così, ma con un apice **prima** della sillaba **tonica**, ovvero quella dove cade l'accento. Nel GRADIT (cfr. immagine *infra*) troveremo invece scritto /'radjo/ e (ra·dio), con l'indicazione in IPA del nesso semiconsonantico e la divisione in sillabe a parte.
3. Segue la **categoria grammaticale**: in questo caso sostantivo femminile invariabile, aggettivo invariabile.
4. Sotto, una sintetica indicazione dell'**etimologia**. La sezione etimologica contiene due dati fondamentali: la **datazione** (che può essere molto vaga, come un intero secolo, soprattutto per le parole più antiche, o molto precisa, con l'indicazione di un anno o addirittura di un giorno, se la prima attestazione scritta del termine fosse contenuta in un quotidiano, per esempio) e l'origine (in questo caso, dal confisso[11] *radio-*).
5. Troveremo poi le varie accezioni della parola, numerate, ognuna sovente dotata di una propria marca d'uso, con gli **esempi** in corsivo.
6. In fondo, troviamo anche l'elenco delle **polirematiche** che contengono la nostra parola, come **giornale radio** o **contatto radio.**
7. I più attenti potrebbero avere notato il numerino in apice preposto al lemma ([1]RADIO). Quel numero serve per distinguere gli **omografi**, cioè le

11 *Confisso*: «morfo isolabile in parole composte, spec. come primo o ultimo elemento (ad es. *radio-* e *-fonia* in *radiofonia*, *tele-* in *televisione*), dotato di un autonomo significato lessicale, spesso capace di apparire come parola libera (ad es., in it., *radio* per "apparecchio radiofonico", *tele* per "televisione") e per lo più di origine greca o latina» (GRADIT).

parole che sono scritte allo stesso modo ma hanno significati diversi. Gli omografi possono essere **omofoni**, cioè avere la stessa pronuncia, oppure non esserlo, quindi avere pronunce diverse. Nel caso di **omofoni omografi** rientrano gli altri termini che si scrivono come [1]RADIO, per esempio [2]RADIO, 'osso lungo di forma prismatica a base triangolare che insieme all'ulna costituisce lo scheletro dell'avambraccio nell'uomo, della zampa anteriore nei Tetrapodi, articolandosi superiormente con l'omero e inferiormente con le ossa del carpo'. Come mai, allora, questi due sono classificati come lemmi diversi e non semplici accezioni diverse della stessa parola? Semplice, perché per la maggioranza degli omografi è diversa l'etimologia o la trafila etimologica. In questo caso, il nome dell'osso chiamato *radio* è datato 1598 e deriva direttamente dal latino RADĬU(M), propriamente 'bacchetta'. La stessa parola è, andando a ritroso, alla base dell'affisso *radio-*, ma la storia dei due termini ha seguito strade diverse. Più esplicito il caso di *alessandrino*, che può indicare, ad esempio 'abitante di Alessandria, in Piemonte' come pure 'abitante di Alessandria d'Egitto', ma anche un particolare tipo di verso in poesia. Due **omografi non omofoni** sono, per esempio, *pésca* e *pèsca*: il primo è 'attività di ricerca e cattura di pesci o altri animali di mare o d'acqua dolce, a scopo alimentare, industriale, commerciale o sportivo', il secondo è 'frutto commestibile prodotto dal pesco, con buccia vellutata e polpa succosa e zuccherina, di colore biancastro, giallo o rossiccio', e le due parole si differenziano solo nella pronuncia, non nella grafia.

→ **Suggerimento utile**: mai fermarsi alla prima accezione! Le definizioni vanno lette con attenzione, fino a trovare l'informazione che ci serve.

[1]radio

rà|dio
s.f.inv., agg.inv.
1918; da [1]radio-.

1. s.f.inv. **FO TS** telecom. => [1]radiofonia | agg.inv. => [1]radiofonico
2. s.f.inv. **FO** anche con iniz. maiusc., ente statale od organizzazione privata che provvede a trasmettere radiofonicamente notizie, programmi musicali, culturali, di svago, ecc.: ***lavorare alla radio, la radio italiana, francese, i programmi della radio*** | stazione radiotrasmittente: ***l'antenna della radio domina la collina, sintonizzarsi su radio Montecarlo***
3. s.f.inv. **FO** apparecchio radiofonico: ***accendere, spegnere la radio, comprarsi una radio nuova, abbassare il volume della radio***
4. s.f.inv. **TS** telecom. apparecchio radiotelegrafico

Polirematiche

giornale radio
loc.s.m. **CO**
1. notiziario radiofonico (sigla GR)2. **TS** mar. documento che contiene tutte le comunicazioni radio effettuate e captate su un'imbarcazione, l'orario degli ascolti, e sim.
contatto radio

[1]radio /ˈradjo/ (ra·dio) s.f.inv., agg.inv. FO TS
1 s.f.inv. FO TS telecom. → [1]radiofonia | agg.inv. → [1]radiofonico
2 s.f.inv. FO anche con iniz. maiusc., ente statale od organizzazione privata che provvede a trasmettere radiofonicamente notizie, programmi musicali, culturali, di svago, ecc.: *lavorare alla r., la r. italiana, francese, i programmi della r.* | stazione radiotrasmittente: *l'antenna della r. domina la collina, sintonizzarsi su r. Montecarlo*
3 s.f.inv. FO apparecchio radiofonico: *accendere, spegnere la r., comprare una r. nuova, abbassare il volume della r.*
4 s.f.inv. TS telecom. apparecchio radiotelegrafico

Nelle due immagini su questa pagina, l'inizio della voce [1]RADIO sul Nuovo De Mauro e sul GRADIT.

Lettura Tullio De Mauro, 2006, *Io perbenisco, tu perbenisci, egli perbenisce*, in *Parole di giorni lontani*, Bologna, il Mulino, pp. 45-46.

Tullio De Mauro, che solitamente conosciamo come linguista, ha scritto un bel libro in cui narra, attraverso brevi racconti, della sua *iniziazione linguistica* durante l'infanzia: episodi della sua vita personale e familiare che, per qualche motivo, hanno avuto una rilevanza linguistica. Nel brano che riportiamo, De Mauro ci racconta di come, per un periodo della sua vita, avesse interpretato a modo suo il verso di una *canzoncina patriottica* che inneggiava al Duce, costruendo, nella propria testa, il verbo inesistente *perbenire*.

Arrivò anche nelle stanze della nostra casa la notizia: contro l'Italia per la sua politica africana (ma di questa, cioè della causa prima, non si parlava), la Società delle Nazioni, che stava a Ginevra, una città lontana, oltre lo Stivale, oltre la carta geografica dell'Italia appesa nell'entrata, aveva decretato le Sanzioni. Non capivo bene che cosa erano, ma erano una malvagità concepita ai nostri danni. Bisognava dare l'oro alla patria: mia madre e mio padre, non avendo altro, si tolsero l'anello d'oro della fede e lo consegnarono e sostituirono con un cerchietto d' acciaio. La propaganda fascista travolse i miei due fratelli maggiori, Franco e Mauro. Si vestivano in divisa da Giovane fascista e da Avanguardista e andavano di continuo a *adunate* cui seguivano *sfilate*. In queste cantavano e anche a casa, spesso, cantavano le canzoni patriottiche. Capii che c'era un Duce, per il quale tutti, a quanto pareva, eravamo pronti a morire. Capii che questo Duce si chiamava Benito Mussolini (e non *Musollini*, come talora sentivo dire da chi parlava in dialetto). La scoperta dalla *parole* risalì alla *langue*: mi portò infatti a cancellare dal mio lessico mentale il verbo *perbenire* che inizialmente avevo introiettato, sentendo e ripetendo *E-per-be-ni-to-mus-so-lini-e-ja-e-ja-a-la-la*, in cui isolavo *E* e *Mussolini* e in mezzo, però, isolavo il participio passato di un verbo, *io perbenisco*, *tu perbenisci* ecc. col suo bravo significato equivalente più o meno a «lodare» o, se avessi conosciuto la parola, «magnificare»: «e sia lodato Mussolini», questo più o meno capivo. Sentendo parlare sempre più spesso di *Benito Mussolini*, imparai a analizzare correttamente i versi di *Giovinezza*, separai finalmente *per* e *Benito* e cancellai il verbo *perbenire*, della cui invenzione nella mia testa per fortuna nessuno mai si era accorto.

Lettura Luigi Meneghello, 1963, *Libera nos a malo*, Milano, Feltrinelli, dal cap. 1.

Altri due esempi di "travisamenti infantili" ci vengono descritti dall'autore vicentino. Si tratta di versi da famose composizioni fasciste, che i bambini di Malo, tra cui l'autore stesso, reinterpretavano in base alle loro conoscenze.

> Seguivano le istruzioni all'Ardito:
>
> Scavalca i monti – divora il piano
> Pugnal frài denti – le bonbe a mano
>
> Mi piaceva la terrificante sintassi dell'ultimo verso, sentito con lo slancio della mente bambina per quello che forse era in effetto, una compressione di *col pugnale fra i denti e con le bombe a mano in mano*.
>
> Questi erano gli Arditi, scavalcatori di monti colla spaccata dell'ostacolista, divoratori del piano. Il pianoforte mi appariva nero e lucido, illuminato da due abat-jour, fornito anch'esso di una dentatura abbagliante di tasti. L'Ardito in grigioverde col berrettino nero, prima lo scavalcava sullo slancio, poi si voltava e lo sgranocchiava rapidamente.
>
> Vibralani! Mane al petto!
> Si defonda di vertù.
> Freni Italia al gagliardetto
> e nei freni ti sei tu[12].

12 L'autore riporta in nota il testo corretto: Vibra l'anima nel petto / sitibonda di virtù / freme, o Italia, il gagliardetto / e nei fremiti sei tu.

La forma poetica *ti sei tu* per *ci sei tu* non bastava a confonderci, né l'arcaismo di *mane* per *mani*. L'ordine era di portarle al petto, orizzontalmente, in una forma sconosciuta ma austera di saluto: come un segno di riconoscimento in uso tra i *vibralani* a cui sentivamo in qualche modo, cantando, di appartenere ad honorem anche noi.

I freni tra cui era impigliata l'Italia erano per Bruno quelli della nostra Fiat Tipo-due, esterni, sulla pedana destra dietro l'asta del gagliardetto a triangolo: e lì ti era l'Italia con la corona turrita e la vestaglia bianca.

III

Il concetto di norma linguistica

3.1 Di errori e di *grammarnazi*

"Si dice X, non Y!"; "Si scrive Z, non W!". Tutti noi, nella nostra cerchia di conoscenti, abbiamo quasi sicuramente un *grammarnazi*, ossia una persona che non perdona neanche la più piccola imprecisione ortografica o di pronuncia. Spesso il grammarnazi dimostra delle certezze linguistiche incrollabili, che vanno al di là anche delle grammatiche stesse. Ma è proprio così che funziona la lingua? Se è vero che nei primi cicli scolastici tendiamo a interiorizzare molte "leggi", anche in ambito grammaticale, con il proseguire della nostra educazione scolastica scopriamo che a molte domande linguistiche non può essere data una risposta netta: perfino l'Accademia della Crusca, una delle massime autorità in campo linguistico in Italia, spesso si trova a rispondere "Sì, la norma dice questo, ma…". Dei "ma" che spesso scontentano coloro che vorrebbero una risposta univoca, incontrovertibile. Ma che cos'è, allora, la norma linguistica?

Per avere un'idea più precisa di cosa sia la *norma linguistica*, conviene partire dalla nozione di *errore*: **si definisce *errore* quella violazione della norma che provoca una sanzione sociale**. Luca Serianni paragona la norma linguistica al comune senso del pudore[13], che è definito da una legge dello Stato ma muta col mutare dei costumi e della sensibilità collettiva. Si pensi, per esempio, a cosa sia considerato oggi disdicevole

13 Cfr. Luca Serianni, 2006, *Prima lezione di grammatica*, Roma-Bari, Laterza, pp. 40-41.

in spiaggia rispetto a venti o cinquanta anni fa. Dunque, in una lingua non ci sono leggi immutabili, e perfino nel giro di pochi decenni si possono notare dei cambiamenti rispetto a quanto ci era stato insegnato a scuola: ad esempio, oggi è considerato corretto scrivere *sé stesso* con l'accento, dato che la regola che ne prescriveva la grafia senza accento è stata bollata come relativamente posticcia e non necessaria[14].

In questo perenne movimento della lingua, forme e costrutti considerati una volta errori possono diventare accettabili da un certo punto in poi, o viceversa. Giuseppe Antonelli[15] ci ricorda che un verso di Dante recita «perché non ti facci meraviglia», che Boccaccio usava senza problemi «ove che tu vadi» e Leopardi non aveva remore a scrivere «io credo che tu abbi in capo una mala intenzione». Oggi sono forme che appartengono all'italiano popolare, riprese a scopo comico per esempio dal personaggio di Fantozzi:

Filini: «Allora, Ragioniere, che fa, batti?»
Fantozzi: «Ma, mi dà del tu?»
Filini: «No, no, dicevo, batti lei?»
Fantozzi: «Ah, congiuntivo?»
Filini: «Sì!»[16]

3.2 Una definizione di *norma linguistica*

Ma leggiamo una definizione piuttosto chiara di *norma linguistica*, scritta da Claudio Giovanardi, contenuta nella scheda dallo stesso titolo pubblicata nell'Enciclopedia dell'Italiano Treccani:

---

14 Cfr. Manuela Cainelli, 2007, *Accentazione del pronome se stesso*, sezione di Consulenza Linguistica del sito web dell'Accademia della Crusca, www.accademiadellacrusca.it/it/lingua-italiana/consulenza-linguistica/domande-risposte/accentazione-pronome-stesso.

15 Cfr. Giuseppe Antonelli, 2014, *Comunque anche Leopardi diceva le parolacce*, Milano, Mondadori, cap. 5.

16 Dal primo, omonimo film di Fantozzi, 1975.

La norma linguistica può essere definita «come un insieme di regole, che riguardano tutti i livelli della lingua (fonologia, morfologia, sintassi, lessico, testualità), accettato da una comunità di parlanti e scriventi (o per lo meno dalla stragrande maggioranza) in un determinato periodo e contesto storico-culturale»[17].

Le parti-chiave di questa definizione sono: *insieme di regole*, *accettato da una comunità di parlanti* (cioè sulla cui validità c'è accordo) e *in un determinato periodo*; in altre parole, non esiste, in Italia, un ente che decide sulla correttezza di una regola linguistica, ma sono i parlanti stessi che sono concordi nel rispettarla. Per quale motivo? Ma per capirsi, ovviamente. Le grammatiche, dal canto loro, non fanno che registrare gli usi, dando delle indicazioni di massima sulla correttezza. Raramente prescrivono; piuttosto, *descrivono*.

In più, la norma linguistica si evolve lentamente, ma di continuo: lo fa ogni lingua viva, ma è particolarmente evidente nell'italiano degli ultimi cinquant'anni, che era rimasto sostanzialmente immobile per quasi quattro secoli, dal XVI secolo alla seconda metà del Novecento. L'immobilità era dovuta al fatto che l'italiano non è stato, per molto tempo, la lingua usata da tutti gli italiani, ma una lingua letteraria, d'élite, quasi esclusivamente scritta: le stime più pessimistiche (quelle di Tullio De Mauro) parlano di un 2,5% di italofoni al momento dell'unificazione dell'Italia (1861), mentre quelle più ottimistiche di Arrigo Castellani si fermano comunque a un 10%[18]. Le lingue usate dagli italiani erano i vari dialetti, che ancora adesso hanno un ruolo importantissimo negli *idioletti*, cioè nell'insieme delle competenze linguistiche di ogni persona. Ricordiamo, per inciso, che la competenza linguistica va sempre formata per *aggiunta*, mai per *sostituzione*: non serve rinnegare le proprie radici dialettali nel momento in cui si impara l'italiano, ma anzi, i dialetti contengono dei patrimoni linguistici che spesso non hanno un corrispondente in italiano.

---

17 Claudio Giovanardi, 2010, *L'italiano da scrivere. Strutture, risposte, proposte*, Napoli, Liguori, p. 17, citato anche in *Norma linguistica. Enciclopedia dell'Italiano Treccani*, www.treccani.it/enciclopedia/norma-linguistica_(Enciclopedia_dell'Italiano).

18 Cfr. Pietro Trifone, *Italiano e dialetto dal 1861 a oggi*, sezione *Lingua italiana* del portale Treccani, www.treccani.it/lingua_italiana/speciali/italiano_dialetti/Trifone.html.

Tornando alla questione dell'italofonia, gli italiani hanno iniziato a usare veramente l'italiano quasi un secolo dopo l'unità d'Italia, con l'avvento della televisione: per molti fu il primo reale contatto con la lingua italiana; e conviene ancora, per rendersi conto di quanto la conquista dell'alfabetizzazione e dell'italiano fosse ardua, guardare le registrazioni del bel programma del maestro Alberto Manzi, *Non è mai troppo tardi*, che tra la fine degli anni Cinquanta e Sessanta teneva vere e proprie lezioni di lettura e scrittura in italiano, in televisione.

Ovviamente, questo immobilismo ha portato anche dei vantaggi: ad esempio, abbiamo il lusso di poterci leggere Dante quasi come se fosse stato scritto oggi (gli inglesi, ad esempio, non possono leggere Chaucer con altrettanta facilità). Tutti noi, a scuola, abbiamo studiato una particolare varietà normata dell'italiano, che è chiamata *standard*: questa è definita come «varietà di lingua soggetta a codificazione normativa, e che vale come modello di riferimento per l'uso corretto della lingua e per l'insegnamento scolastico»[19].

3.3 Le conseguenze dell'allargamento del bacino di utenza: il *neostandard*

Con l'aumentare del numero degli utenti di una lingua, ha però luogo un fenomeno preciso: la lingua riceve una spinta "verso il basso", cioè tende a semplificarsi. Una qualsiasi lingua, infatti, deve sostanzialmente rispondere alle necessità di coloro che la parlano. Ricordiamo sempre che la grammatica non è qualcosa di inciso nella pietra, ma è un insieme di regole funzionali alla comunicazione, alla comprensione reciproca (la lingua non è altro che un raffinato codice convenzionale) e che possono cambiare nel tempo. Nel momento in cui l'italiano è passato da lingua letteraria e di una minoranza a lingua davvero impiegata da una maggioranza, ha iniziato a mutare a una velocità mai vista prima. Per

19 Cfr. Gaetano Berruto, *Italiano standard. Enciclopedia dell'Italiano Treccani*, www.treccani.it/enciclopedia/italiano-standard_(Enciclopedia_dell'Italiano).

dare conto di questi cambiamenti, vari linguisti italiani hanno coniato, nel corso degli anni Ottanta del Novecento, delle definizioni "su misura": Francesco Sabatini lo chiama *italiano dell'uso medio*, Alberto Mioni *italiano tendenziale* e Gaetano Berruto *italiano neostandard*. Tutti e tre questi nomi fanno riferimento al fatto che si può notare l'esistenza di una lingua che non è più quella aderente alla grammatica, allo *standard* tradizionale, pur senza essere "sbagliata".

L'italiano neostandard, tendenziale o dell'uso medio presenta fenomeni come[20]:

- i pronomi obliqui *lui*, *lei* e *loro* usati come soggetto invece di *egli*, *ella*, *essi*: oltre ad avere imparato a usare *egli* nei temi a scuola, quante volte lo avete sentito "dal vivo", in una conversazione informale, per strada?
- il *ci* attualizzante, come in *ci ho caldo* (che peraltro pone problemi, a oggi irrisolti, di grafia: *ci ho*? *C'ho*? *Ciò*?);
- le dislocazioni come *il caffè lo bevo amaro*;
- il *ci* locativo per *vi*;
- la preferenza per *questo* rispetto a *ciò*, di *siccome*, *perché*, *quando* per *poiché*, *giacché*, *allorché*;
- l'indicativo per il congiuntivo come in *penso che è bello* e del presente pro futuro come in *domani parto*;
- i nuovi ambiti d'uso dell'imperfetto indicativo: *se lo sapevo non venivo* (scrivereste mai *se lo avessi saputo non sarei venuto* in un messaggio su WhatsApp o in un SMS?).

Alcune di queste forme si trovano già nei *Promessi Sposi* del Manzoni, quindi non sono così recenti; in ogni caso, si tratta di fenomeni di risalita a registri più prestigiosi di tratti linguistici prima tipici di varietà più basse della lingua.

20 Cfr. Francesco Sabatini, 1985, *'L'italiano dell'uso medio': una realtà tra le varietà linguistiche italiane*, in Günter Holtus, Edgar Radtke (a cura di), *Gesprochenes Italienisch in Geschichte und Gegenwart*, Tübingen, Narr, pp. 154-184.

Insomma, come vedevamo anche negli esempi precedenti, tratti che prima erano considerati substandard diventano accettabili, mentre altri tratti che prima erano considerati corretti oggi sono oggetto di uno stigma sociale; ma se dici "se io vorrei" invece di "se io volessi", verrai ancora oggi bollato come un ignorante, come ci ricorda il *meme* messo in circolazione dall'Accademia della Crusca[21].

Scrive ancora Serianni:

> Tra i due poli "giusto" / "sbagliato" si situa una zona grigia, in cui il parlante nativo può avere dubbi e incertezze dipendenti da vari fattori: la sua cultura e il conseguente grado di sicurezza linguistica che ne scaturisce; la sensibilità per i fatti di lingua e l'aspirazione al prestigio sociolinguistico; il contesto in cui agisce (le preoccupazioni normative saranno minime nell'ambiente familiare o nei "gruppi di pari", massime in condizioni formali, per esempio interagendo con un esaminatore o con un superiore gerarchico).[22]

La norma, insomma, non cambia solo nel tempo, ma anche in base alla situazione comunicativa. Per questo è difficile dare delle regole precise, nette, pur essendo questo necessario nella fase della scolarizzazione primaria; e ancora più difficile, dal punto di vista del singolo, è interrogarsi, di volta in volta, sul registro da assumere in una specifica situazione. Dalla conversazione informale al colloquio più formale, dal post su Facebook alla tesi di laurea, bisogna ricercare l'equilibrio tra la correttezza formale e l'efficienza, senza cadere né nell'eccessiva rigidezza né nella sciatteria linguistica. Occorre essere muniti di competenze retorico-comunicative senza però rinunciare alla conoscenza delle re-

21 Cfr. Vera Gheno, 2014, *A proposito di* virale *e* meme, sezione di Consulenza Linguistica del sito web dell'Accademia della Crusca: www.accademiadellacrusca.it/it/lingua-italiana/consulenza-linguistica/domande-risposte/proposito-virale-meme.

22 Luca Serianni, 2006, *Prima lezione di grammatica*, Roma-Bari, Laterza, p. 42.

gole di base della nostra lingua: anche le trasgressioni alla norma sono davvero tali se la norma è saldamente conosciuta.

3.4 Sciatteria, *whateverismo*… e gli analfabeti di ritorno

Tutto questo non è affatto scontato, visto che, come scriveva Alberto Sobrero nel 2003, succede che

> quando si fa notare a un ragazzo che *menare le mani* non è un'espressione adatta a un articolo di giornale o a un verbale di polizia, la sua reazione – se non è di compunzione servile – è di sincero stupore. Per lui – o lei – si dice e si scrive "menare le mani": sempre, dovunque e con chiunque.[23]

Se sempre più persone la pensano così, continua Sobrero,

> va da sé che [...] le convenzioni grafiche sono accidenti irrilevanti [...]. Quelli che nei primi anni delle elementari erano peccati mortali, che suscitavano derisioni e autorizzavano l'uso di epiteti infamanti, sono oggi vissuti dalla maggior parte degli studenti universitari come peccati veniali, graziosi tic che consentono di sorridere di un testo per il resto troppo serio e noioso. È così che una varietà non-standard basata sul parlato conquista spazi via via crescenti non solo nell'uso ma anche nella legittimazione all'uso.[24]

All'incirca negli stessi anni, la studiosa Naomi S. Baron introduceva una definizione molto calzante, *linguistic whateverism*[25], traducibile come *qualunquismo linguistico*, una generalizzata disattenzione nei confronti dell'impiego della propria lingua, come se l'importante fosse il contenuto, non la "livrea" del messaggio. "L'importante è che l'informazione arrivi", dicono alcuni per difendere la propria sciatteria comunicativa. Purtroppo questo atteggiamento spesso nasconde grosse lacune e incertezze linguistiche, che le persone non ammettono neanche a sé stesse.

---

23 Alberto A. Sobrero, 2003, *Nell'era del post-italiano*, in «Italiano & Oltre» 18, 5, pp. 272-277, (cit. p. 273).

24 *Ibid.*

25 Naomi S. Baron, 2002, *Whatever: a new language model?*, bit.ly/1RvmKk9.

Uno dei problemi maggiori è la presunzione, molto diffusa, di conoscere perfettamente la propria lingua madre semplicemente perché è la propria lingua madre. La realtà è ben diversa.

Un articolo di Tullio De Mauro, pubblicato nel 2008 su *Internazionale* e intitolato *Analfabeti d'Italia*, riporta cifre drammatiche riguardo al degrado culturale degli italiani.

Cinque italiani su cento tra i 14 e i 65 anni non sanno distinguere una lettera da un'altra, una cifra dall'altra. Trentotto lo sanno fare, ma riescono solo a leggere con difficoltà una scritta e a decifrare qualche cifra. Trentatré superano questa condizione ma qui si fermano: un testo scritto che riguardi fatti collettivi, di rilievo anche nella vita quotidiana, è oltre la portata delle loro capacità di lettura e scrittura, un grafico con qualche percentuale è un'icona incomprensibile. Secondo specialisti internazionali, soltanto il 20 per cento della popolazione adulta italiana possiede gli strumenti minimi indispensabili di lettura, scrittura e calcolo necessari per orientarsi in una società contemporanea.[26]

Questi dati sono così negativi che molti nemmeno li accettano – e di questi tempi si discute molto su chi decide quali siano gli *strumenti minimi indispensabili di lettura, scrittura e calcolo*, affermando che i dati sono distorti dal fatto che esista una specie di aristocrazia del sapere che definisce il livello di competenze necessario per tutti – ma se facciamo mente locale sulla realtà che ci circonda, ci possiamo rendere facilmente conto di come i fatti diano ragione a De Mauro. Del resto, in tempi più recenti, il rapporto nazionale PIAAC-OCSE 2014 sulle competenze degli adulti ha dato risultati ugualmente preoccupanti; vi leggiamo, infatti, che in Italia, nell'ambito della *literacy*, cioè delle capacità linguistiche, la percentuale degli «occupati[27] [16-65 anni] che si collocano sotto il livello 3 – secondo parte della letteratura considerabile il livello necessario per vivere e lavorare bene nella società attuale – [...] è del 67%»[28]: il numero degli *analfabeti di ritorno*, cioè di coloro che sono stati alfabetizza-

26 Tullio De Mauro, 2008, *Analfabeti d'Italia*, in «Internazionale», 7-13 marzo.

27 Cioè delle persone che lavorano.

28 Rapporto nazionale PIAAC-OCSE 2014, www.isfol.it/piaac/Rapporto_Nazionale_Piaac_2014.pdf, pp. 166-167.

ti a scuola, ma poi hanno perso tali competenze non avendole tenute in esercizio, appare in aumento.

Purtroppo, i dati riguardanti quella percentuale di italiani che dovrebbe rappresentare una élite culturale, gli studenti universitari (ricordiamo che nel 2015 l'Italia, con il suo 23,9% sul totale della popolazione, è la nazione europea con la percentuale più bassa di laureati [dati Eurostat]) non sono molto migliori. Scrive Giuseppe Antonelli:

Anche i rilievi fatti negli ultimi quindici anni sulla lingua degli studenti universitari costringono a prendere atto di un quadro poco incoraggiante. Mancanza di capoversi, punteggiatura assente o errata (*un centro urbano, gode di maggiore prestigio*), usi impropri dell'apostrofo (*un'altro*), dell'accento (*sì, nò*) e delle maiuscole (*alcuni Tratti*), fraintendimenti lessicali (*le mie speranze si sono assolte in una specie d'indignazione*) si accompagnano a una generale incapacità di gestire il testo secondo gli essenziali criteri di coerenza e coesione.[29]

Questi errori non sono affatto peregrini – ma ne parleremo meglio nel prossimo capitolo. Limitiamoci, qui, a un'ulteriore questione: avendo parlato finora di definizione di norma, di necessità di capire che questa non è rigida ma mobile, e che varia di contesto in contesto, chiediamoci *quali siano i modelli linguistici degli italiani*: a chi ci rifacciamo come esempio di "bel comunicare"? Ecco uno dei nostri problemi. Innanzitutto, a scuola impariamo una lingua che non corrisponde all'esperienza linguistica che abbiamo quotidianamente. Scrive ancora Antonelli:

Mantenendo in vita un improbabile "scolastichese" fatto di *recarsi* per *andare* o *inquietarsi* per *arrabbiarsi*, la scuola instilla l'idea di una "doppia verità linguistica" (la forma corretta è *egli*, anche se parlando si dice *lui*, e così via) che continua ad avere pessimi effetti sulla capacità di gestire con disinvoltura il testo scritto. Il risultato, infatti, è quello di sostituire al *continuum* di registri che esistono nella realtà, una polarizzazione tra uso e norma: una distanza apparentemente incolmabile tra essere e dover essere che alimenta – di fatto – atteggiamenti di lassismo e di rinuncia.[30]

29 Giuseppe Antonelli, 2007, *L'italiano nella società della comunicazione*, Bologna, il Mulino, p. 42.
30 Ivi p. 48.

Se da una parte abbiamo quindi lo scolastichese, dall'altra parte, con il diminuire delle abitudini di lettura (i dati ISTAT ci dicono che nel 2015 coloro che hanno letto almeno un libro nel corso dei 12 mesi sono il 42% della popolazione sopra i 6 anni, e che il 9,1% delle famiglie non ha neanche un libro in casa), una delle fonti di "prestigio linguistico" è la televisione che, come è evidente a tutti, ha di fatto rinunciato molto tempo fa al suo ruolo pedagogico. Tra l'italiano "delle tre corone" e quello sgangherato, spesso volgare, infarcito di anglismi inutili, dei mezzi di comunicazione di massa, è comprensibile che le persone provino un senso di smarrimento. Ma all'università si può lavorare, su questa percezione.

La norma esiste, la impariamo a scuola; le zone grigie sono tante, e il vero errore è quello che mi fa passare per un ignorante, quello che porta con sé uno stigma sociale. D'altro canto, le regole linguistiche si evolvono, quindi, prima di scattare come delle iene davanti a uno strafalcione, conviene chiedersi se sia o meno il caso di avere una reazione scomposta. Nel prossimo capitolo, non a caso, parleremo dell'ortografia, che di per sé non è un livello di analisi della lingua particolarmente importante, ma che spesso provoca reazioni fortemente avverse.

Lettura Italo Calvino, *L'antilingua* («Il Giorno», 3 febbraio 1965, ristampato in *id.*, 1980, *Una pietra sopra*, Torino, Einaudi, pp. 122-124).

È incredibile l'attualità di questo pezzo di Calvino contro "l'antilingua", ovvero quel vizio italiano di usare un burocratese imbalsamato e lontano dalla realtà. In questo pezzo, Calvino si interroga anche sulle motivazioni che portano all'uso di una lingua del genere.

Il brigadiere è davanti alla macchina da scrivere. L'interrogato, seduto davanti a lui, risponde alle domande un po' balbettando, ma attento a dire tutto quel che ha da dire nel modo più preciso e senza una parola di troppo: «Stamattina presto andavo in cantina ad accendere la stufa e ho trovato tutti quei fiaschi di vino dietro la cassa del carbone. Ne ho preso uno per bermelo a cena. Non ne sapevo niente che la bottiglieria di sopra era stata scassinata». Impassibile, il brigadiere batte veloce sui tasti la sua fedele trascrizione: «Il sottoscritto essendosi recato nelle prime ore antimeridiane nei locali dello scantinato per eseguire l'avviamento dell'impianto termico, dichiara d'essere casualmente incorso nel ritrovamento di un quantitativo di prodotti vinicoli, situati in posizione retrostante al recipiente adibito al contenimento del combustibile, e di aver effettuato l'asportazione di uno dei detti articoli nell'intento di consumarlo durante il pasto pomeridiano, non essendo a conoscenza dell'avvenuta effrazione dell'esercizio soprastante».

Ogni giorno, soprattutto da cent'anni a questa parte, per un processo ormai automatico, centinaia di migliaia di nostri concittadini traducono mentalmente con la velocità di macchine elettroniche la lingua italiana in un'antilingua inesistente. Avvocati e funzionari, gabinetti ministeriali e consigli d'amministrazione, redazioni di giornali e di telegiornali scrivono parlano pensano nell'antilingua. Caratteristica principale dell'antilingua è quello che definirei il «terrore semantico», cioè la fuga di fronte a ogni vocabolo che abbia di per se stesso un significato, come se «fiasco» «stufa» «carbone fossero parole oscene, come se «andare» «trovare» «sapere» indicassero azioni turpi. Nell'antilingua i significati sono costantemente allontanati, relegati in fondo a una prospettiva di vocaboli che di per se stessi non vogliono dire niente o vogliono dire qualcosa di vago e sfuggente.

[...] Chi parla l'antilingua ha sempre paura di mostrare familiarità e interesse per le cose di cui parla, crede di dover sottintendere: "io parlo di queste cose per caso, ma la mia funzione è ben più in alto delle cose che dico e che faccio, la mia funzione è più in alto di tutto, anche di me stesso". [...] La motivazione psicologica dell'antilingua è la mancanza d'un vero rapporto con la vita [...]. La lingua invece vive solo d'un rapporto con la vita che diventa comunicazione, d'una pienezza esistenziale che diventa espressione. Perciò dove trionfa l'antilingua – l'italiano di chi non sa dire «ho fatto» ma deve dire «ho effettuato» – la lingua viene uccisa.

IV

L'ortografia

La grafia di una lingua non è uno dei suoi livelli, come la fonologia, la morfologia, la sintassi, il lessico, la semantica, ma una specie di epifenomeno culturale di questi livelli.

Quando una lingua viene scritta non occasionalmente, in passato come oggi, ha luogo una complessa e spesso lunga e difficile operazione che consiste nel dare una norma alla scrittura. Quella che chiamiamo «ortografia» di una lingua è la sua norma relativamente stabile, emersa storicamente nel tempo, e destinata a cambiare in genere solo molto lentamente. [...] Il parlante impara la lingua, nei suoi vari livelli, per un processo naturale, in grandissima parte implicito. Le mamme insegnano la lingua ai bambini, non la grammatica. L'ortografia invece è frutto di un insegnamento esplicito, che avviene nella scuola. [...] Siamo pratici. Per una lingua scritta, com'è l'italiano, la presenza di un sistema di ortografia condiviso è, a mio parere, un buon aiuto allo scrivere, e non un ostacolo. [...] Siamo del parere che non sia utile rivendicare una libertà di scrivere come si vuole. Sarebbe una libertà che non servirebbe a nessuno. Ci sono ben altri campi in cui il buon esercizio della libertà personale può dare i suoi frutti. [...] Resta che il rispetto della norma comune non deve cadere, nella pratica scolastica, a compito prioritario, o quasi, dell'insegnamento, per non intristire la scuola, rischiando tra l'altro una crisi di rigetto.[31]

Lorenzo Renzi, nella citazione qui riportata, mette in rilievo alcune questioni: la prima, che l'ortografia dell'italiano è ben fatta e funzionale; la seconda, che di certo l'ortografia non deve rappresentare il punto centrale dell'educazione a scuola e la terza, che non si può considerare l'ortografia un impiccio, e che sono ben altre le situazioni in cui ha sen-

31 Lorenzo Renzi, 2012, *Come cambia la lingua. L'italiano in movimento*, Bologna, il Mulino, pp. 177-179.

so rivendicare le proprie libertà. Scrivere in maniera sgangherata, come viene, non è insomma indice di libertà espressiva, quanto piuttosto una possibile esposizione a una condanna "sociale". Forse, più che ritenere l'ortografia un'imposizione, avrebbe più senso pensare all'errore come a qualcosa che ci può mettere in cattiva luce. Luca Serianni scrive:

> Per fare un altro esempio ortografico: quale sarebbe l'effetto che in ciascuno di noi cittadini [...] susciterebbe un medico, poniamo, che scriva *patologgia*, con due g? Sarebbe un effetto molto negativo. Ci verrebbe spontaneo di chiederci: «Ma se non sa neanche scrivere la parola, che cosa saprà davvero di patologia?». Tutto questo per un banale errore di ortografia. Proprio perché, essendo l'ortografia una zona consolidata dell'uso italiano, si determina una forte reattività sociale. Quando dobbiamo esemplificare un errore clamoroso non andremo forse a citare un errore di sintassi, più complesso da descrivere; indicheremo un errore di ortografia: *quore* con la *q* è più immediato ed efficace, per rappresentare l'ignoranza di qualcuno, che non un anacoluto o un'incongruenza semantica.[32]

Entrambi i linguisti evidenziano l'importanza di scrivere correttamente, percorrendo il sottile crinale tra la libertà di espressione e l'aderenza alla norma.

La situazione, peraltro, viene ulteriormente complicata dal fatto che sovente le persone serbano ricordi frammentari di quanto imparato a scuola, sin dalle elementari, e quindi applicano spesso a caso, in maniera non oculata, regole che in realtà si riferiscono ad altro. Ecco, quindi, che come primi esempi di errori ortografici sfatiamo alcuni "miti" o, meglio, falsi ricordi, che contribuiscono a confonderci nel già complesso mondo dell'ortografia.

---

32 Luca Serianni, 2006, *Norma linguistica e devianze*, Corso di aggiornamento, 21 settembre 2005, Cadenazzo, Bellinzona, UIM, 2006, p. 11.

4.1 Il caso di *ipotizzare*

ipotiziamo	*ipotizziamo*

Una notevole percentuale di lettori darà per corretta la versione con una *z*, citando la "regola -zio/-zia", secondo la quale in italiano

> non è mai indicato il rafforzamento di z = [ts] nella formula "voc. + zie, zia, zio" corrispondente a lat. "voc. + tie, tia, tio; ctie, ctia, ctio; ptie, ptia, ptio" (parole dotte). Es. *nazione*, *azione*, *adozione* (lat. NATIO, ACTIO, ADOPTIO). [...] Non è mai indicato il rafforzamento di z = [dz] da z greco intervocale nelle parole dotte (es. *azoto*, *ozono*), in *azienda*, *bazar* e in cognomi come *Azeglio*, *Donizetti*, *Teza*.[33]

In parole semplici, in italiano, generalmente, la *z* in parole come *polizia* o *nazione* si scrive scempia ma si pronuncia doppia. Questa regola, di per sé corretta, non deve essere applicata senza criterio: esistono eccezioni tra i sostantivi (pensiamo a *pazzia* o *razzia*) e non vale per i verbi. La questione si pone nel caso di verbi con tema in *-zz* come *ipotizzare*, *realizzare*, *dirozzare*, *organizzare* e simili: quando andiamo a formare la prima persona plurale dell'indicativo presente, l'unione del morfema flessivo *-iamo* con il tema verbale in *-zz* produce la sequenza *-zzia*, che alcuni riportano alla regola imparata a scuola. Chiaramente il caso è diverso: la sequenza "incriminata" si forma semplicemente perché accostiamo il morfema radicale (ad esempio *ipotizz-*) con il morfema flessivo *-iamo*: né l'uno né l'altro di questi elementi va "amputato" nel coniugare il verbo. Consirateli dei pezzi di Lego: vanno combinati senza modificarli. Quindi, *ipotizziamo*, *organizziamoci*, *realizziamo*.

33 Amerindo Camilli, 1965, *Pronuncia e grafia dell'italiano*. Terza edizione riveduta a cura di Piero Fiorelli, Firenze, Sansoni, p. 37.

4.2 Il caso di *guadagnare*

guadagniamo	*guadagnamo*

Di nuovo, una parte tutt'altro che irrisoria dei lettori affermerà *senza ombra di dubbio* che la forma corretta sia *guadagnamo*: sappiamo, infatti, tutti che per la pronuncia palatale di *gn* non c'è bisogno di inserire una *i*: quindi si scrive *castagna*, non **castagnia*. Allo stesso modo, a molti sembrerà posticcia quella *i* in *guadagniamo*, e ancora di più in forme verbali con clitici come *vergogniamoci*. E invece, si tratta di un caso completamente diverso: anche qui, la strana sequenza si forma dall'incontro tra un morfema radicale in *-gn-* (*guadagn-*) e il solito morfema flessivo *-iamo*. Le due parti non vanno "corrotte" (ricordate i mattoncini Lego?), per cui la forma corretta è *guadagniamo*. A tale proposito, notiamo che proprio in questo momento storico, pare che la regola stia, almeno in parte, cedendo: secondo molti linguisti, quella *i* è tutto sommato superflua, perché comunque non cambia la pronuncia della parola, e quindi la sua omissione non è particolarmente grave. Ma noi siamo *grammarnazi*, e continueremo a consigliarne l'uso[34].

→ **Una nota a margine**: avrete notato che la forma **castagnia* è stata citata con un asterisco: in linguistica si indicano così le parole inesistenti, errate oppure la cui esistenza è solo supposta; per esempio, nell'etimologia di alcune parole, per indicare delle forme ricostruite ma della cui esistenza non abbiamo prove dirette.

34 Cfr. Vera Gheno, 2005, *Sul digramma gn e sulla presenza della i in forme verbali come guadagniamo*, sezione di Consulenza Linguistica, sito web dell'Accademia della Crusca, www.accademiadellacrusca.it/it/lingua-italiana/consulenza-linguistica/domande-risposte/digramma-gn-presenza-forme-verbali-guadagnia.

4.3 Verbi e accenti

Sempre in ambito verbale, fanno dannare le forme accentate e non accentate: *io do, lui dà, fa, sta, va*. In questo caso la regola è facilmente memorizzabile: l'accento si mette solo quando la parola ha la possibilità di confondersi con un'altra parola che non sia una nota musicale: quindi non **io dò* perché l'unica confusione sarebbe con la nota *do*, proprio come nel caso di *fa* (e non **fà*); *lui dà* invece si accenta perché esiste la preposizione semplice *da* con cui si creerebbe confusione. Attenzione a quando si usa l'imperativo! Le forme dell'imperativo di questi verbi si apostrofano, perché sono le forme *apocopate*, cioè accorciate, di *dai, fai, stai, vai*: *da', fa', sta', va'*. Tutto chiaro?

4.4 Chi ha paura di *qual è*?

A proposito di apostrofi, abbiamo due sempreverdi: *po'* e *qual è*. Nel primo caso, *po'* è apocope di *poco*, quindi va apostrofato e non accentato: **pò* è sbagliato, ed è uno di quegli errori che, pur essendo così diffuso da aver fatto cedere il DOP (che adesso lo classifica come "meno corretto"), provoca ancora una reazione negativa in una bella fetta di italofoni. Insomma, non ci fate una gran figura.

Per quanto riguarda *qual è*, va scritto senza apostrofo perché stavolta non abbiamo a che fare con una apocope ma con una forma ridotta del pronome *quale*, che è lemmatizzata in maniera indipendente nei dizionari. Quindi non si scrive mai **qual'è*. Molti obietteranno che si tratta di una regola un po' posticcia, ma come al solito noi... resisteremo. La regola non viene inficiata nemmeno dalle scelte autoriali di scrittori come Papini o Soffici, che scrivono *qual'è*. Gli scrittori, in un certo senso, se lo possono permettere.

4.5 Apostrofi e articolo indeterminativo

Un altro caso per molti difficile da gestire è la questione di quando apostrofare l'articolo indeterminativo *un*. Ma questo è facile! Mentre per il maschile esistono sia *uno* che *un*, a seconda dell'iniziale della parola successiva (*uno* dove useremmo *lo*, come davanti a *s* complicata come in *spinterogeno*, *un* nei casi in cui useremmo *il*), per il femminile esiste solo la forma *una*, che eventualmente viene apocopata davanti a vocale: *una birra*, *un'ala*. *Una orsa* o *un'orsa*, ma mai **un'orso*.

→ Nota bene: *alcuno/alcun/alcuna*, *qualcuno/qualcun/qualcuna*, *nessuno/nessun/nessuna*, *ciascuno/ciascun/ciascuna*, ecc. seguono le stesse regole di cui sopra: *ciascun orso* ma *nessun'altra*.

4.6 Gli accenti, indigesti a molti

Affrontiamo il dramma degli accenti. Intanto, è interessante come anche persone mediamente colte abbiano una specie di epifania davanti alla scoperta che *sulla tastiera esistono due tipi di accenti*:

GRAVE: è	ACUTO: é

Quando impariamo a scrivere, a scuola, tendiamo a tracciare, soprattutto nel corsivo, un accento indistinto, "a barchetta"; quando si passa alla scrittura elettronica, molti hanno difficoltà a distinguere tra i due accenti.

Ma insomma, quando va usato l'accento grave e quando quello acuto? Per una parte d'Italia è più semplice: al Centro, e anche altrove, si mantiene nella pronuncia la differenza tra *aperta* e *chiusa*: per intenderci, tra la [pèsca], il frutto, e [pésca], l'attività del pescare: questi riescono abbastanza facilmente a cogliere la differenza tra un *cioè* (accento grave) e un *perché* (accento acuto). Per tutti gli altri italiani, la questione è più complicata perché nella pronuncia spontanea non c'è quasi differenza tra le due *e*.

Occorre quindi andare sullo mnemonico: vanno con l'accento grave (che indica la *e* aperta) *cioè*, è voce del verbo essere, *tè* e *caffè*; vanno con l'accento acuto (che indica la *e* chiusa) *affinché*, *benché*, *cosicché*, *finché*, *giacché*, *né*, *nonché*, *perché*, *poiché*, *purché*, *sé* (ovviamente, il pronome: "Luigi pensa solo a sé"), *sicché*, *ventitré* e tutti i composti di *tre* (*trentatré*, *quarantatré*, *centotré*, ecc.); il composto di *re viceré*; infine, le terze persone singolari del passato remoto di verbi come *battere*, *potere*, *ripetere*, ecc.: *batté*, *poté*, *ripeté*, ecc. E non dimentichiamo *olé* e *alé* (tipico grido da stadio): non facciamolo diventare **alè* nello scritto!

A proposito: anche se perfino sulle schede dei referendum lo troviamo scritto senza, *sì* va con l'accento. *No*, chiaramente, senza.

Accentati anche i nomi dei giorni della settimana: *lunedì*, *martedì*...

Le poche parole con *o* finale accentata si scrivono normalmente con l'accento grave, che poi è quello che troviamo sulle tastiere dei computer: *però*, *sfottò*, *borderò*.

Normalmente, parole come *così* e *virtù* le vedremo sempre scritte con l'accento grave. Fa eccezione la casa editrice Einaudi, che usa, in questi casi, gli accenti *acuti*: *virtú*, *cosí*. È una *lectio minor*, una lezione di minoranza, che però si basa su assunti corretti: vengono usati gli accenti acuti per le vocali considerate chiuse[35]. Insomma, non gridiamo all'errore: non abbiamo colto gli editor di Einaudi in castagna, è una scelta volontaria!

4.7 Problemi di pronomi

Qualche problema c'è anche con i pronomi: *gli* sta per *a lui*, quindi *vado da Mario e gli dico*; *le* sta per *a lei*, quindi *telefono a Maria e le dico*; E per il plurale? La forma più corretta è *loro*: *ho incontrato Mario e Luigi e ho detto loro*, ma nell'uso meno formale è ammesso anche *gli*: *ho incontrato Mario e Luigi e gli ho detto*; la forma *gli* per *le*, invece,

35 Cfr. a questo proposito la risposta data da Treccani: www.treccani.it/lingua_italiana/domande_e_risposte/grammatica/grammatica_453.html.

è ancora percepita dalla maggioranza dei parlanti come un gesso che stride sulla lavagna.

E *glielo*? *Glielo dico sempre, a Giovanni, che sbaglia!* Non esiste il corrispondente femminile **lelo*, quindi anche per il femminile si usa *glielo*: *Glielo dico sempre, a Giovanna, che sbaglia!*

A proposito di pronomi: è pur vero che a scuola si impara la tripartizione del pronome dimostrativo (a proposito, ricordate quali sono i dimostrativi, vero?) *questo*, *codesto* e *quello* (dove *codesto* indica le cose lontane da me che parlo e vicine a te che mi ascolti); nella realtà dei fatti, *codesto* usato fuori dalla Toscana darà sempre adito a qualche occhiata perplessa, e magari a un ironico, e inesistente, è *coquesto *che intendi?*

4.8 Plurali

Altre regole spesso apprese a metà: *ciliegia* fa *ciliegie*, *camicia* fa *camicie*, *provincia* fa *province* (ma, a dimostrazione che certe convenzioni ortografiche si sono fissate molto tardi, in molte città italiane troverete *viale delle provincie*): dunque, la regola prescrive che il plurale delle parole in *-cia* e *-gia* sia con la *i* quando la *c* e *g* sono precedute da vocale, senza la *i* quando la *c* e *g* sono precedute da consonante.

E i plurali delle parole in *-io*, come *olio*, *principio* o *luccichio*? La doppia *i* è obbligatoria solo se l'accento cade sulla *i* di -ìo, quindi *luccichii*, per forza. Negli altri casi, meglio lasciare perdere la doppia *i* – e anche l'accento circonflesso, che ormai si trova solo nei testi di una volta (*principî*) – e lasciare la *i* semplice, soprattutto se non ci sono possibili fraintendimenti. In sostanza, quindi, potete scrivere *oli*, *olî* o *olii*, e nessuna di queste forme è sbagliata – casomai le seconde due sono un po' *demodé*.

Nel caso di omografie che non sono anche omofonie, cioè di termini che si scrivono uguali ma che hanno pronuncia diversa, per disambiguare si può anche scegliere di mettere l'accento: *condòmini* e *condomìni*, *prìncipi* e *princìpi*. Ricordate sempre che il fine ultimo della nostra scrittura, soprattutto quella professionale, è la chiarezza.

4.9 La *d* eufonica messa a caso

Molti mettono la *d eufonica* a naso (o forse a caso): *ed anche*, *ad essi* e così via. In realtà, esiste se non una regola, un consiglio per limitarne l'uso in maniera coerente, che risale al grande linguista Bruno Migliorini: inserite la *d* eufonica solo quando si avrebbe incontro di vocali uguali: *ed ecco*, *ad altri*, ma in ogni caso non **ed ancora*. Tutto chiaro? Ovviamente, anche qui abbiamo un'eccezione: *ad esempio*, espressione che ormai si è cristallizzata così, e che quindi possiamo continuare a scrivere con la *d*.

4.10 Quando la memoria visiva ci inganna

Le nostre competenze ortografiche sono migliorate dalla lettura. Leggendo meno, succede che anche il ricordo visivo delle parole si confonda. Molte incertezze nella grafia delle parole nascono da questo. Ecco quattro esempi di errori molto diffusi, così diffusi che le persone sono spesso convinte che queste parole siano proprio scritte in questo modo. Prima è scritta la grafia corretta, e poi le varianti errate.

✓ *Accelerare*, anche se molti, moltissimi, dicono e scrivono *accellerare*.

✓ *Aeroporto*, non *areoporto* o *aereoporto*, anche se l'*aereo* si scrive proprio così. Ma tutti gli altri sostantivi si formano con il prefissoide *aero-*: *aerotaxi*, *aerostazione*, *aeroflotta*, *aerospaziale*.

✓ *Collutorio*, anche se avreste giurato di avere letto *colluttorio* sul flacone in bagno.

✓ *Meteorologico*, non *metereologico*.

4.11 Quando si scrive come si parla

- ✗ "*Tutto apposto, non ti preoccupare!*". Anche se è apprezzabile giocare con le possibilità della nostra lingua, ad esempio quando scriviamo sui social network, la divertente pratica dell'univerbazione (quella che ci fa scrivere *mobbasta* o *annamobbene*) non deve prenderci la mano. E invece, sempre più spesso succede che queste univerbazioni si insinuino anche in contesti in cui non dovrebbero comparire... denunciando una preoccupante incapacità di ricordare cosa si possa o debba scrivere tutto attaccato e cosa no.
- ✗ *Apposto* per *a posto* è sbagliato, a meno che non sia il participio passato del verbo *apporre*.
- ✗ *Avvolte* per *a volte* è un erroraccio, sempre supponendo che non sia, di nuovo, un participio passato, stavolta di *avvolgere*.
- ✗ *Affianco* è giusto solo se è la prima persona dell'indicativo presente di *affiancare*: *io ti affianco*; al posto di *a fianco* è decisamente un errore.
- ✗ *Apparte* i possibili dubbi, si scrive *a parte*.
- ✓ *Al di là* di tutto, se mi riferisco all'Oltretomba lo devo scrivere *aldilà*; altrimenti, staccato.
- ✓ *Tutt'al più* (o *tuttalpiù*, meno usato ma corretto) possiamo dire che la nostra lingua è piena di insidie: questi sono tutti dubbi che possono venire risolti dalla consultazione di un vocabolario. *Mezz'ora* è ancora meglio di *mezzora*, anche se questa seconda forma inizia a venire lemmatizzata dai vocabolari dell'uso. *Dintorni* e non *d'intorni*. *Che c'entra?*, non *che centra*[36]. Il primo è voce del verbo *entrarci*: per prendere in prestito un modo di dire tipico di Antonio Di Pietro, sta per *che ci azzecca*. Si *centra*, invece, *il bersaglio*.

---

36 Cfr. Vera Gheno, 2010, *C'entra o centra?*, sezione di Consulenza Linguistica, sito web dell'Accademia della Crusca, www.accademiadellacrusca.it/it/lingua-italiana/consulenza-linguistica/domande-risposte/centra-centra.

4.12 Maiuscole

Tendiamo a usare troppe maiuscole. Queste vanno messe, ovviamente, dopo il punto, oppure per i nomi propri; non dimentichiamo il caso dell'antonomasia, come *Paese* quando ci si riferisce all'Italia o *Avvocato* per indicare Gianni Agnelli o, ancora, il *Papa* per indicare quello in carica.

- La maiuscola si usa con valore distintivo per termini come *Stato*, *Borsa*, *Camera*, *Chiesa* che possono essere usati anche come normali nomi comuni: *la Borsa di Milano* ma *metto le cose in borsa*. La *Crusca* indica l'Accademia della Crusca, la *crusca* qualcos'altro.
- I nomi dei giorni della settimana e dei mesi vanno in minuscolo: *lunedì*, *gennaio*; in inglese, in compenso, si scrivono con la maiuscola: *Monday*, *January*. Non mischiamo le due consuetudini, anche se il correttore di Word sembra dirci il contrario!
- I nomi dei popoli moderni si scrivono con la minuscola: *i romeni*, *gli italiani*. Per distinguerli, scriviamo con la maiuscola i popoli antichi: *i Galli*, *i Romani*, *i Sumeri*.
- E i titoli, ossia i vari *dott.*, *prof.*, *avv.* e così via? Oggigiorno si consiglia di scriverli con l'iniziale minuscola. Idem gli allocutivi nelle email (*Gentile professoressa, vorrei sapere se lei*...), limitando l'uso della maiuscola al caso di possibili fraintendimenti.

4.13 Altre quisquilie (o forse no)

1. I forestierismi acclimatati in italiano diventano invariabili: *hard disk*, non **hard disks* – ma i migliori sono quelli che scrivono e dicono *sono un fans di David Bowie*: starà per *farmaco anabolizzante non steroideo*?
2. I latinismi a volte si comportano diversamente: sono in uso, in italiano, i plurali regolari di *curriculum* (*curricula*) e *corpus* (*corpora*), ma mantenerli invariabili è ugualmente corretto.

3. Ancora a proposito di accenti e apostrofi, la terza persona singolare del verbo *essere*, quando va scritta in maiuscolo, non dev'essere digitata *E'*; occorre recuperare il segno giusto, ovvero È. Come fare? O digitando la sequenza ALT+0200, o richiamando la mappa dei caratteri (tra le utilità di sistema in Windows) oppure, ancora, digitando la *è* minuscola e poi trasformandola in maiuscolo. L'importante è che nella stesura definitiva del vostro lavoro non sia presente questa piccola, evitabile sciatteria.
4. *Famigliare* e *familiare* sono entrambi corretti e non c'è alcuna differenza di significato. Idem per *obbiettivo* e *obiettivo*. *Famigliare* e *obbiettivo* sono le forme di tradizione più popolare, *familiare* e *obiettivo* quelle di tradizione più alta, più aderenti all'originale latino. Ma nessuna delle due varianti è scorretta. Possiamo decidere di usare una delle due, e cercare di essere coerenti con noi stessi, ma non accusare gli altri di ignoranza se usano l'altra.
5. *Spengere* per *spegnere* e *interpetrare* per *interpretare* possono dare fastidio, ma il dizionario li classifica come varianti regionali toscane, quindi non sono errori in senso stretto: evitiamoli, se li troviamo fastidiosi, ma, come sopra, non ergiamoci a paladini della "forma giusta". Anche per altri regionalismi conviene controllare nel dizionario o nel DOP se le forme sono attestate o meno.

Abbandonando per un secondo l'ortografia:

6. *Adire* ***le*** *vie legali*, non *adire alle*. Oppure evitiamo del tutto di usare questa formula!
7. *Piuttosto che* non significa *o*, ma indica una preferenza[37]: *preferisco andare al mare piuttosto che in montagna*. L'uso, nato probabilmente a Milano ma in espansione, di *piuttosto che* per *o*, come in *vi posso offrire della pasta piuttosto che un brodo piuttosto che un risotto*, è non solo errato ma irritante!

37 Cfr. Ornella Castellani Pollidori, 2002, *Uso di* piuttosto che *con valore disgiuntivo*, sezione di Consulenza Linguistica, sito web dell'Accademia della Crusca, www.accademiadellacrusca.it/it/lingua-italiana/consulenza-linguistica/domande-risposte/uso-piuttosto-valore-disgiuntivo.

È impossibile trattare sinteticamente tutti i casi di incertezze ortografiche diffuse oggi nell'italiano: li si potranno verificare nel già citato DOP[38] o nella sezione di consulenza linguistica dell'Accademia della Crusca[39] oppure, ancora, in comodi libri di stile che si trovano in rete, come quello di *Internazionale*[40], sempre tenendo presente che alcune convenzioni di stile potrebbero variare da redazione a redazione.

4.14 Colti, non *grammarnazi*!

Teniamo a mente alcune regole di base, sempre preziose, per elevarsi sopra il livello di fastidiosi saputelli, e cerchiamo di costruirci un nostro, personale "foglio di stile" linguistico.

1. Invece di dire semplicemente "si scrive così, non colà" impariamo a dare spiegazioni: le correzioni rimarranno in mente molto meglio (a proposito: *molto meglio* è corretto, è *più meglio* che è sbagliato).
2. Quasi per ogni problema esiste una controrisposta in rete: qualcuno che argomenta l'esatto contrario di quella che sarebbe la *lectio facilior*, la variante più diffusa. Se vogliamo fare polemica, può avere senso menzionare l'unico sito tra dieci o cento che la pensa come noi… ma sarebbe meglio avere l'intelligenza di ammettere che, se la maggioranza dice un'altra cosa, forse in una materia come questa si può assumere che la maggioranza abbia ragione.
3. Sempre a proposito della rete: non tutte le fonti sono equipollenti; Crusca, Treccani, Società Dante Alighieri sono sicuramente fonti più affidabili di una semplice rubrica di linguisti per passione o, ancora peggio, di Yahoo Answers! Mai fermarsi, quindi, al primo risultato della SERP di Google.

---

38 www.dizionario.rai.it.

39 www.accademiadellacrusca.it/it/lingua-italiana/consulenza-linguistica/domande-risposte.

40 www.internazionale.it/dalla_redazione/2015/06/25/libro-stile-internazionale.

4. Anche se ci ricordiamo che a scuola ci hanno insegnato altro, teniamo a mente che la norma cambia – l'abbiamo già visto –, ma anche che la nostra amata maestra delle elementari, essendo un essere umano, potrebbe avere sbagliato: strano che ci si fidi di più di un insegnamento di venti, magari trent'anni fa che di fonti affidabili e aggiornate a nostra disposizione.

5. Un po' di umiltà e di disponibilità a migliorarsi aiuta sempre, anche a evitare i conflitti frontali.

Affezionati al cartaceo? Esistono molti manuali che raccolgono dubbi di grafia e pronuncia. Eccone tre dei più recenti.

- Valeria Della Valle, Giuseppe Patota, 2015, *Viva la grammatica! La guida più facile e divertente per imparare l'italiano*, Milano, Sperling & Kupfer.
- Silverio Novelli, 2014, *Si dice? Non si dice? Dipende. L'italiano giusto per ogni situazione*, Roma-Bari, Laterza.
- Elisabetta Perini, 2014, *Dico bene? Per un galateo del parlare da Totò ai social network*, Firenze, Giunti.

Il linguista Rob Drummond ha condiviso su Twitter questo diagramma sulla pedanteria linguistica. Spiega efficacemente come, all'aumentare della competenza linguistica, si abbassi il livello di pedanteria. Il grammarnazi intollerante di solito non è quello più preparato, ma quello che è *convinto* di avere la scienza infusa. Cerchiamo tutti di muovere verso D, insomma!

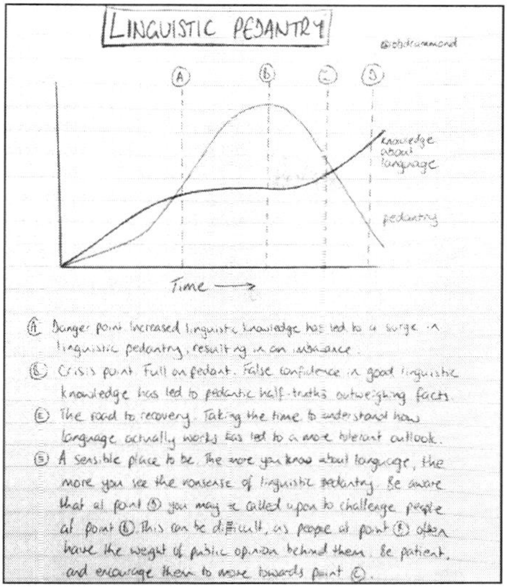

A) Danger point. Increased linguistic knowledge has led to a surge in linguistic pedantry, resulting in an imbalance.
B) Crisis point. Full on pedant. False confidence in good linguistic knowledge has led to pedantic half-truths outweighing facts.
C) The road to recovery. Taking the time to understand how language actually works has led to a more tolerant outlook.
D) A sensible place to be. The more you know about language, the more you see the nonsense of linguistic pedantry. Be aware that at point (D) you may be called upon to challenge people at point (B). This can be difficult, as people at point (B) often have the weight of public opinion behind them. Be patient, and encourage them to move towards point (C).

Lettura Scuola di Barbiana, 1967, *Lettera a una professoressa*, Firenze, Libreria Editrice Fiorentina.

L'importanza di quest'opera è nota a tutti: in essa i ragazzi della scuola di Barbiana, di Don Lorenzo Milani, scrivono un manifesto sulla scuola contro la selezione scolastica e le disuguaglianze di ceto. Un libro che, a distanza di mezzo secolo, rimane attualissimo.

Senza distinzione di lingue (pp. 18-19)

Del resto bisognerebbe intendersi su cosa sia lingua corretta. Le lingue le creano i poveri e poi seguitano a rinnovarle all'infinito. I ricchi le cristallizzano per poter sfottere chi non parla come loro. O per bocciarlo.

Voi dite che Pierino del dottore scrive bene. Per forza, parla come voi. Appartiene alla ditta. Invece la lingua che parla e scrive Gianni è quella del suo babbo. Quando Gianni era piccino chiamava la radio lalla. E il babbo serio: «Non si dice lalla, si dice aradio».

Ora, se è possibile, è bene che Gianni impari a dire anche radio. La vostra lingua potrebbe fargli comodo. Ma intanto non potete cacciarlo dalla scuola.

«Tutti i cittadini sono uguali senza distinzione di lingua». L'ha detto la Costituzione pensando a lui.

Ma voi avete più in onore la grammatica che la Costituzione...

Le regole dello scrivere (pp. 20-21)

A giugno del terzo anno di Barbiana mi presentai alla licenza media come privatista. Il tema fu: «Parlano le carrozze ferroviarie».

A Barbiana avevo imparato che le regole dello scrivere sono: Aver qualcosa di importante da dire e che sia utile a tutti o a molti. Sapere a chi si scrive. Raccogliere tutto quello che serve. Trovare una logica su cui ordinarlo. Eliminare ogni parola che non serve. Eliminare ogni parola che non usiamo parlando. Non porsi limiti di tempo.

Così scrivo coi miei compagni questa lettera. Così spero che scriveranno i miei scolari quando sarò maestro.

Il coltello nelle vostre mani (p. 21)

Ma davanti a quel tema che me ne facevo delle regole umili e sane dell'arte di tutti i tempi? Se volevo essere onesto dovevo lasciare la pagina in bianco. Oppure criticare il tema e chi me l'aveva dato.

Ma avevo quattordici anni e venivo dai monti. Per andare alle magistrali mi ci voleva la licenza. Quel fogliuccio era in mano a cinque o sei persone estranee alla mia vita e a quasi tutto ciò che amavo e sapevo. Gente disattenta che teneva il coltello dalla parte del manico.

> Mi provai dunque a scrivere come volete voi. Posso ben credere che non ci riuscii. Certo scorrevano meglio gli scritti dei vostri signorini esperti nel frigger e nel rifrigger luoghi comuni.

Meno noto di Don Milani, ma non meno incisivo, Don Roberto Sardelli promulgava anch'egli idee quasi "sovversive" sul ruolo della scuola tra i ceti poveri. Nel 1968 fondò la *Scuola 725* tra le baracche dell'Acquedotto Felice, a Roma, esperienza che poi descrive nel testo omonimo.

> Per molti essere colti significa saper leggere e scrivere. Siccome molti operai non sanno leggere né scrivere, passano per ignoranti. Ma noi vediamo che i contadini e gli operai tra di loro parlano. Essi conoscono lo strumento più antico e più facile per comunicare tra di loro. Ma questi conoscono poche parole. Se dovessero parlare in consiglio comunale i borghesi gli riderebbero in faccia. Se emigrano all'estero o si spostano da una regione all'altra dell'Italia, né capiscono né si fanno capire. Allora stanno zitti. Finché ci sarà uno che conosce 2000 parole e un altro che ne conosce 200, questi sarà oppresso dal primo. La parola ci fa uguali. (Roberto Sardelli, 1971, *Scuola 725: non tacere*, Firenze, Libreria Editrice Fiorentina, pp. 13-14).

V

La punteggiatura

Renato Fucini, il brioso scrittore toscano noto con lo pseudonimo di Neri Tanfucio, esercitando le sue funzioni di ispettore scolastico, visitava, una volta, una scuola di campagna. Esaminò attentamente a uno a uno, tutti i quaderni degli alunni. Infine, fece al maestro questa sola osservazione:
– Raccomando di curare un pochino di più la punteggiatura.
– Oh – rispose il maestro – la punteggiatura... È una faccenda di poco conto.
– Di poco conto? – esclamò risentito il Fucini. E, preso un pezzetto di gesso, scrisse alla lavagna queste parole: "Il maestro dice: l'ispettore è un asino".
Il maestro incominciava a protestare, ma il Fucini lo interruppe e gli raccomandò di avere pazienza. Poi prese ancora il gesso e scrisse sotto la prima frase:
- Il maestro, dice l'ispettore, è un asino!
La lezione non poteva essere più efficace.[41]

ibis redibis non morieris in bello ‹... *morïèris* ...›. – Frase latina, riferita dal *Chronicon* del monaco cistercense Alberico delle Tre Fontane (sec. 13°) a un antico oracolo: in quanto priva di punteggiatura (o di altro segno che suggerisca la posizione della pausa nel modo di leggerla), si presta a una doppia interpretazione in quanto facendo pausa prima o dopo il *non*, il significato della frase viene ad essere rispettivamente «andrai, ritornerai, non morirai in guerra», oppure «andrai, non ritornerai, morirai in guerra». L'inizio della frase è usato talvolta come locuz. sostantivata per indicare risposta sibillina, azione o discorso ambiguo, e in genere cosa che riesca oscura, incomprensibile: *le sue parole sono un ibis redibis*; *questo non è un problema, è un ibis redibis.*[42]

---

41 Tratto da Luisa Fontanesi-Isa Ugolotti, 1983, *L'universo della parola: corso di educazione linguistica*, Bergamo, Minerva Italica, p. 62.

42 Da Vocabolario Treccani, alla voce www.treccani.it/vocabolario/ibis-redibis-non-morieris-in-bello.

La punteggiatura: l'insieme dei segni interpuntivi che ci servono per... per che cosa, esattamente? Possiamo dare due risposte diverse:

- regolare il ritmo di lettura di un testo, indicandoci i vari tipi di pause (funzione prosodico-pausativa), oppure
- esplicitare il senso di quello che stiamo scrivendo (funzione logico-sintattica).

Orientiamoci a considerare la punteggiatura nella sua funzione logico-sintattica; come dice Giuseppe Antonelli,

> fatta eccezione per quella che chiamiamo la punteggiatura espressiva (il punto interrogativo, il punto esclamativo, i puntini di sospensione), la punteggiatura ha poco a che vedere con la voce, con le pause, con il parlato. La punteggiatura è anzi lo strumento più squisitamente legato alla dimensione scritta della lingua, è l'aspetto più specifico, più peculiare di una lingua scritta.[43]

In questo modo potremo dare qualche regola in più, anche se va tenuto presente che, più che di giusto e sbagliato, spesso parleremo di scelte e stili interpuntivi: l'interpunzione, purtroppo per i più normativi, è raramente una scienza esatta. I due brevi testi introduttivi mostrano proprio come il posizionamento dei segni di interpunzione sia tutt'altro che irrilevante, ma che anzi, concorra a cambiare radicalmente il senso della frase. In rete gira un meme in cui si legge "Vado a mangiare nonna" vs "Vado a mangiare, nonna", con il *copy* "Una virgola salva la vita": colorito, ma fa capire egregiamente perché ci sia bisogno di saper usare bene i vari segni.

43 Giuseppe Antonelli, 2016, *Punto per punto. Punteggiatura e sintassi*, intervento registrato per il canale Mondadori Education, www.youtube.com/watch?v=7ymT08g8nGw.

Ci sono, insomma, poche regole generali da ricordare. La principale è questa: **virgola, punto, punto esclamativo e interrogativo, due punti, punto e virgola e puntini di sospensione vanno scritti e digitati attaccati alla parola che li precede e staccati con uno spazio dalla parola che segue**: non lasciate che i poveri segni interpuntivi vaghino abbandonati, staccati sia da ciò che li precede sia da ciò che li segue. È orribile a vedersi, e in uno scritto al computer genera confusione (dato che il segno interpuntivo potrebbe ritrovarsi isolato, a inizio di riga).

*Mai così , insomma	Ma così, sempre

I segni doppi, invece, quali **parentesi tonde, parentesi quadre, virgolette singole, virgolette doppie, vanno attaccati a ciò che contengono e staccati da ciò che precede e segue**.

*Così (sarebbe) sbagliato	Mentre così (è) corretto

Attenzione a una coppia di segni che si comporta un po' diversamente dagli altri: le lineette degli incisi – quelle così, per intenderci – vanno staccate sia da ciò che le precede, sia da ciò che le segue. In più, notate che sono le lineette lunghe, non il trattino breve, che serve invece per altri usi, ad esempio per fare le parole composte, tipo bagno-doccia.

*In breve -dicevamo- così no	Ma invece – ribadiamo – così sì

Non è difficile, vero? Sistemato questo aspetto "grafico", passiamo brevemente in rassegna i nostri segni di interpunzione, soffermandoci sugli aspetti più problematici.

5.1 La virgola

La virgola è – si passi questa definizione – il segno interpuntivo più femminile di tutti, perché, come le donne, si fa carico dell'ordinario (mandare avanti il discorso) e dello straordinario (quando svolge altre funzioni, come negli incisi, per esempio), senza mai prendersi la scena. Senza gridare, come il punto esclamativo; senza manie di protagonismo, come gli altri punti, quando sgomitano, nello stile di qualche autore, per ricoprire un ruolo più adatto ad altri segni.[44]

Sembra il più semplice dei segni di interpunzione, e invece il suo impiego è pieno di insidie. In realtà, le insidie sono dovute al fatto che, nel suo impiego, dobbiamo affidarci non tanto alle possibili pause "per riprendere fiato" del parlato quanto alla funzione sintattica degli elementi della frase. Quindi **la virgola NON si mette mai nei seguenti casi** (e se qualcuno non avesse ben chiaro il significato di *soggetto*, *predicato*, *complemento* o *aggettivo*, è pregato di fare un breve ripasso dei fondamentali):

- ✗ tra il soggetto e il suo predicato: **Luigi, sta cantando*
- ✗ tra copula e parte nominale: **Gabriele, è bellissimo*
- ✗ tra il predicato e il suo complemento oggetto: **mi sono fatta, un caffè*
- ✗ tra un elemento reggente e il suo complemento di specificazione: **vorrei un chilo, di cipolle*
- ✗ tra la frase reggente e una completiva, oggettiva o soggettiva: *credo di aver bevuto troppo* e non **credo, di aver parlato troppo*
- ✗ tra un sostantivo e il suo aggettivo: **Eva ha gli occhi, azzurri* (che si può anche dire, ma ha un significato diverso: significa che Eva non solo ha gli occhi (come se potesse non averli), ma che quegli occhi sono azzurri.

Mentre difficilmente una persona abbastanza presente a sé stessa metterebbe una virgola tra un soggetto e un verbo "normali", spesso accade che venga inserita la virgola quando il soggetto è **espanso**, ovvero molto lungo, arricchito di elementi come attributi, avverbi o complementi indiretti, come nel seguente esempio: **tutti i dipendenti dell'uffi-*

---

44 Francesca Serafini, 2012, *Questo è il punto. Istruzioni per l'uso della punteggiatura*, Roma-Bari, Laterza, p. 74.

cio informazioni del comune di Prato, sono pregati di andare al corso di formazione. Ricordiamo che, anche nel caso di soggetto espanso, questo non va separato dal suo verbo, mai. In caso di dubbio, identificate sempre all'interno della frase il soggetto e il verbo della principale, anche se fossero separati da molte parole.

La virgola invece **si mette** nei seguenti casi:

- ✓ per legare tra di loro frasi prive di congiunzioni: *terminata la funzione, gli astanti si alzarono.*
- ✓ per collegare alcuni tipi di subordinate alla principale: *sebbene fossimo in ritardo, Lorenza fu lo stesso contenta di vederci*;
- ✓ per creare un inciso (poi vedremo che si possono usare anche lineette e parentesi), sempre in numero di due, all'inizio e alla fine dell'incidentale: *mi sembra evidente, guardando l'estratto conto, che siamo di nuovo senza soldi.*
- ✓ prima di un'apposizione: *e così la RAI ha spoilerato* Il risveglio della forza, *il settimo episodio della saga di Guerre Stellari.*
- ✓ prima o dopo un vocativo: *coraggio, ragazzi* ma anche *ragazzi, coraggio!*
- ✓ nel caso di ellissi: *abbiamo davanti a noi due problemi: il primo, intercettare la trasmissione, il secondo, decrittarla.*
- ✓ nelle enumerazioni e coordinazioni asindetiche: *all'esame vanno portati solo carta, penna, vocabolario e libretto* ma **mai prima della e che introduce l'ultimo termine dell'enumerazione**: **solo carta, penna, e libretto*. Gli inglesi, in compenso, la usano senza problemi e la chiamano *Oxford comma*. Non stupitevi, quindi, di trovarla in testi inglesi, ma non trasportatela in testi italiani.

Sfatiamo, invece, una volta per tutte una delle fissazioni dei veri *grammarnazi*: la combinazione virgola-congiunzione *e*. Ci sono casi in cui questa combinazione è corretta, per esempio se la congiunzione unisce due frasi: *la cosa che la sconvolgeva di più era la sua capacità di continuare a odiarla, e ogni volta che ci pensava non riusciva a farsene una ragione.*

5.2 Il punto, il punto interrogativo e il punto esclamativo

Li raccogliamo insieme perché tutti e tre sono accomunati dalla funzione di chiusura del periodo, seppure con "toni" diversi.

Domani non vengo.
Domani non vengo?
Domani non vengo!

Oltre che la fine della frase, questi segni di interpunzione si usano anche per indicare la fine del capoverso, del paragrafo o della sezione.

Nel caso del punto, attenzione a bilanciarne l'uso. Se la frase è troppo lunga, si rischia di creare testi poco comprensibili; se ci sono troppi punti fermi, avremo una *sintassi franta*, tipica dei quotidiani e anche di un certo tipo di prosa. L'esempio seguente è tratto da uno dei principali esponenti della letteratura "cannibale" in Italia:

Le salamandre sono capaci di tornare nella loro tana con una precisione sorprendente. Se le prendi e le porti oltre una montagna, quelle se ne tornano a casa. Io no. Io mi perdo. Soprattutto quando bevo. E stanotte fa un freddo cane e piove. Ho girato un sacco, magari fossi stato una salamandra. Avrei guardato gli astri e messo il naso all'aria e sarei tornato al negozio. Sì, forse avrei dovuto provarci.[45]

Mentre questo stile, se scelto volutamente, può andare bene in un contesto letterario, non è adatto ai testi di tipo *argomentativo*, cioè quelli che devono dimostrare qualcosa, come, per l'appunto, la tesi di laurea: in questo caso, è meglio bilanciare il testo usando frasi più lunghe, ma non troppo, che permettono di articolare in maniera più approfondita il pensiero.

45 Niccolò Ammaniti, 1994, *Branchie*, Torino, Einaudi, p. 7.

Il punto esclamativo si troverà di rado nei testi argomentativi o scientifici in generale, anche se potreste trovarlo tra parentesi quadre, [!], o accompagnato da *sic*, che in latino significa 'così', [sic!], per indicare che quello che precede è citato pari pari all'originale, pur non condividendone i contenuti, o che è citato letteralmente un errore, riportato dall'originale e quindi commesso dall'estensore del testo e non da chi lo ha riportato: *L'ingegniere [sic!] quindi affermava che…* Una citazione letterale, infatti, prevede che il testo venga riprodotto senza alcuna variazione, quindi anche senza correzioni.

Il punto interrogativo sarà anch'esso piuttosto raro in un testo scientifico, anche se potrebbe ricorrere; in una tesi di laurea è meglio evitare le domande retoriche del tipo *e quindi adesso cosa vogliamo dimostrare? Che…*

Altrettanto rari saranno, in un testo universitario, i cumuli come *?!*, e comunque in ogni caso non più di così: le sequenze infinite di punti interrogativi ed esclamativi, come *?!?!?!?!?!?!?*, sono tipiche di un certo tipo di prosa a bassa formalità, tipica per esempio dei social network, ma decisamente da bandire in contesti più formali.

Notare che sia punto esclamativo che interrogativo sono di norma seguiti dalla lettera maiuscola, anche se talvolta, in presenza di numerose interrogative di fila, o di domande retoriche, la maiuscola si può omettere.

5.3 I due punti

Da un certo angolo visuale, i due punti offrono meno difficoltà di altri segni di interpunzione; in parte perché è chiaro che non hanno un ruolo "intonativo", ma servono al preciso scopo di chiarificare, aggiungere informazioni, argomentare quanto detto in precedenza. Come scrive Luca Serianni nella sua più volte citata *Grammatica*, le funzioni dei due punti sono all'incirca le seguenti:

1. funzione sintattico-argomentativa: quando ciò che viene dopo i due punti è in qualche modo conseguenza logica di quanto viene prima;
2. funzione sintattico-descrittiva: quando si aggiungono informazioni a quanto detto precedentemente;
3. funzione appositiva: quando la frase che viene dopo i due punti ha il ruolo di apposizione;
4. funzione segmentatrice: i due punti sono usati per introdurre il discorso diretto, seguiti o da virgolette o dalla lineetta, oppure un'enumerazione.

Uno degli insegnamenti che tutti ricordiamo dalle elementari è che non si dovrebbero usare i due punti più volte di fila nello stesso periodo. Francesca Serafini ci ricorda che Gadda li usa in *Quer pasticciaccio brutto de via Merulana*[46], ma è comunque meglio evitarne l'impiego in testi professionali. Gli scrittori, si sa, possono concedersi qualche libertà in più; ed è proprio per questo che non andrebbero presi come riprova della correttezza di un certo uso, avendo noi a disposizione dizionari e grammatiche[47]. In compenso, se il periodo è spezzato dal punto e virgola, non ci sono problemi a usare i due punti reiteratamente: *Non so se riuscirò mai più a prendere il treno in Liguria: ogni metro di rotaia è intriso di te; in compenso, Milano non mi fa più nessun effetto: è passato troppo tempo.*

---

46 Cfr. Francesca Serafini, 2012, *Questo è il punto. Istruzioni per l'uso della punteggiatura*, *cit.*, p. 37.

47 Facciamo un esempio noto ai più: nel corso di Sanremo 2016, il presentatore Gabriel Garko è stato preso in giro per avere detto «ho sceso le scale»: secondo molti, *scendere* transitivo è sbagliato. Ovviamente non è vero: *scendere* usato nel senso di *portare giù*, come in "scendi le borse", è sbagliato, ma *scendere le scale* è perfettamente corretto e registrato nei vocabolari. Molti, però, invece di citare semplicemente un dizionario, hanno tirato in ballo il noto componimento di Eugenio Montale *Ho sceso, dandoti il braccio, almeno un milione di scale*. Di per sé la citazione è corretta; tuttavia, è sbagliato citare uno scrittore, per di più una poesia, come in questo caso, come riprova dell'uso corretto. Non è che *scendere* transitivo sia corretto perché lo usa Montale. Lo è perché tale uso è registrato stabilmente nei dizionari.

5.4 Il punto e virgola

Quando chiedo ai miei studenti a cosa serva il punto e virgola, c'è sempre quello simpatico che risponde "per fare la faccina che strizza l'occhiolino". Premesso che, con l'inarrestabile ascesa degli *emoji*, delle faccette grafiche, forse anche le nostre vecchie faccine realizzate con i segni di interpunzione cadranno in disuso, è chiaro che questa non è la risposta che un docente vorrebbe sentire. Cito ancora Francesca Serafini, che spiega con chiarezza la questione del punto e virgola:

> Il fatto è che il punto e virgola non serve sempre. Non va usato al posto del punto, o della virgola (nel qual caso si tratterebbe di una scelta marcata in senso stilistico [...], perché si colloca in una zona di frontiera). Per certi versi il punto e virgola svolge all'interno del periodo la stessa funzione della virgola all'interno della frase, in particolare nelle enumerazioni, in cui la virgola separa i membri della frase (nomi, aggettivi, ecc.) e il punto e virgola le frasi tra loro. Serve infatti a regolare sintatticamente periodi complessi, creando un'interruzione forte sul piano della forma, ma non sul piano del contenuto (altrimenti bisognerebbe usare il punto). Il discorso, dopo il punto e virgola, procede sempre sullo stesso argomento, ma aggiunge altri elementi.[48]

Il punto e virgola è un arricchimento all'arsenale dei segni di punteggiatura e ci permette, se usato bene, di creare una sintassi «più ariosa, meno asfittica di quella continuamente puntellata dal solo punto fermo o dalla virgola»[49]; per esempio, funziona molto bene davanti a un connettivo "forte" per rango argomentativo e sintattico, quali *dunque, quindi, perciò, infatti, insomma, ossia*, ecc., come quando si traggono le conclusioni.

Chiaramente, va saputo usare, mentre spesso i testi universitari denotano scarsa competenza nel suo impiego – e una certa volontà di includerlo quasi "a forza". Come per molte altre forme di competenza

---

48 Francesca Serafini, 2012, *Questo è il punto. Istruzioni per l'uso della punteggiatura*, *cit.*, p. 59.
49 Ivi, p. 60.

linguistica, il consiglio migliore che si può dare è di leggere molti testi, facendo caso anche alla loro punteggiatura, per acquisire un ordine mentale all'uso del punto e virgola. Se, invece, si ha la sensazione di non riuscire a impiegarlo correttamente, meglio evitarlo.

5.5 I puntini

I puntini di sospensione sono tre, solo tre, unicamente tre: non due, dato che potrebbero sembrare un errore di digitazione, e non quattro, fondamentalmente perché non servirebbero (è una norma che si è fissata tardi, nell'Ottocento, tanto che nelle varie edizioni del Vocabolario degli Accademici della Crusca se ne trovano ancora quattro). Sicuramente non cinque, sei, sette o anche di più, come amano fare alcuni nella prosa informale: **allora............... che si fa?!?!?!?!?!* Peraltro, molti programmi di videoscrittura ci semplificano la vita trasformando automaticamente i tre puntini in un unico carattere: uno dei casi in cui, se lasciamo fare al software, possiamo chiarire i nostri dubbi.

- Tra i loro usi, quello primario di lasciare una frase in sospeso; in questo caso, i puntini vanno scritti attaccati alla parola che precede: *forse ci rivedremo...*
- Possono, tuttavia, essere usati anche all'inizio di una frase. In questo caso, l'iniziale della prima parola della frase va con la maiuscola, e i tre puntini non sono attaccati alla parola che precede ma alla parola che segue: *...E quindi che succede adesso?*
- Inseriti all'interno di una frase o di un discorso, invece, i puntini indicano un'esitazione, un imbarazzo, un cambio di progettazione. Si noti che in questo caso i puntini sono sempre attaccati alla parola che precede, e la parola che segue va con la minuscola, dato che il discorso non si è interrotto: *Ma allora... che cosa sei venuto a fare?*
- Alcuni usano i tre puntini, staccandoli sia da quello che precede che da quello che segue, per indicare un'omissione. Si consiglia, in questo caso, di completare i tre puntini con delle parentesi quadre, in

modo da indicare più chiaramente l'espunzione: meglio *quindi [...] possiamo concludere che* di **quindi ... possiamo concludere che.*

- Chi suole risolvere cruciverba, avrà familiarità con un altro impiego dei tre puntini, per indicare che ciò che segue non va preso alla lettera. In una definizione come *in mezzo... al mare*, i puntini indicano che non dobbiamo pensare letteralmente a cosa ci sia in mezzo al mare, ma più semplicemente alle due lettere centrali della parola, *ar*.

In un testo argomentativo, capiterà di rado di dover usare i puntini, a parte per gli omissis. Sono un segno di cui non bisogna abusare nemmeno in altri contesti: siamo tutti d'accordo sul fatto che un testo cosparso di puntini di sospensione risulti snervante sempre, anche su Facebook?

5.6 I segni doppi

Le parentesi

Dalle lezioni di matematica potremmo ricordarci la presenza di tre parentesi: le tonde, le quadre e le graffe. Per fortuna, le parentesi graffe non si usano, normalmente, nei testi, mentre talvolta useremo le parentesi quadre: per esempio, come già ricordato, quando operiamo un'espunzione in una citazione letterale, [...], oppure quando vogliamo indicare che un errore nel testo citato è nell'originale: [sic!].

Le parentesi tonde invece isolano un inciso più forte rispetto alla semplice virgola e di solito meno "organico" al testo rispetto all'inciso con le lineette. Attenzione a non abusare delle parentesi perché, comunque, contenendo un "di più" rispetto al testo, distraggono dal fluire del discorso. Se ne mettiamo troppe, il filo del nostro ragionamento sarà difficile da seguire; meglio, a quel punto, spostare il contenuto delle parentesi in nota.

Come già ricordato, le parentesi vanno sempre digitate attaccate a quanto contengono: *Ernesto era tranquillo (una rarità, di quei tempi) e decisamente a suo agio.*

Le virgolette

Abbiamo quattro tipi di virgolette, non tutte ugualmente usate.

- Le **virgolette singole alte, ' e ', chiamate anche *apici***. Servono, per esempio, a indicare il significato di un significante (ricordate Saussure?); in altre parole, per rendere esplicito il significato di un termine, la definizione di un lemma che stiamo analizzando: *pizzicheria 'rivendita al minuto di salumi, formaggi e altri generi alimentari'*.
- Le **virgolette singole basse, < e >, chiamate anche *a uncino***. Decisamente poco usate, le troviamo nel linguaggio HTML a indicare i tag e in alcune bibliografie per delimitare le URL dei siti web (gli indirizzi, insomma; URL sta per *universal resource locator*): *<www.accademiadellacrusca.it>*. Non usatele, a meno che non vi venga esplicitamente chiesto di farlo.
- Le **virgolette doppie alte, " e ", chiamate anche *doppi apici***, e le **virgolette doppie basse, « e », chiamate anche *caporali*.** Queste ultime non si fanno **mai** digitando due volte le virgolette a uncino, << e >>, ma digitando ALT+0171 e ALT+0187 su Windows o ALT+1 e ALT+SHIFT+1 su Mac. In caso di dubbi, cercatele nella mappa dei simboli di Word o nella mappa dei caratteri del sistema operativo (se non sapete dove sia, cercatela, perché vi potrà capitare di averne bisogno).

Entrambi i tipi di virgolette doppie servono sostanzialmente per isolare citazioni, per indicare dei titoli, per riportare il discorso diretto o anche per indicare che stiamo usando una parola in maniera allusiva, traslata o ironica, come quando mimiamo le virgolette con le dita parlando:

> La Mattel Creations viene fondata nel 1945 da Ruth ed Elliot Handler. La prima ha l'idea della Barbie osservando la figlia Barbara improvvisare situazioni "da grandi" con le bambole di carta; la ragazzina e le sue amiche, nelle loro interazioni, giocavano spesso a "essere adulti"[50].

---

50 Vera Gheno, *Barbie*, progetto *Treccani 90 anni*, www.treccani.it/90anni/parole/1959-barbie.html.

Con che criterio scegliere un tipo o l'altro? A meno che non ci siano delle richieste redazionali da seguire, possiamo scegliere in base al nostro gusto. A livello di significato non ci sono differenze. Quando invece ci capita di dover mettere delle virgolette dentro ad altre virgolette, per esempio all'interno di una citazione, conviene usare il tipo di virgolette non usato precedentemente.

5.7 Aiuto, i cumuli!

Abbiamo "domato" i segni di punteggiatura quando presi singolarmente. Ma come trattare i cumuli, per esempio quando capita di dover fare incontrare virgolette, parentesi e altri segni di punteggiatura? Ecco alcune regole che possono essere seguite.

1. Nel caso di **combinazione di virgolette+segni di punteggiatura**, per esempio in una citazione o in un discorso diretto riportato.
   a. Il punto di fine frase va generalmente dopo la chiusura delle virgolette: *Francesca Serafini*[51] *cita Antonio Frescaroli che scrive che l'uso della virgola «è regolato per un quarto dai paragrafi della grammatica e per i restanti tre quarti dal temperamento dell'uomo»*. Allo stesso modo, vanno dopo le virgolette i due punti, la virgola e il punto e virgola.
   b. Conviene evitare la ripetizione del punto, quindi non occorre scrivere *«...dell'uomo.».*, soluzione che appesantirebbe il testo senza aggiungere informazioni.
   c. Nel caso di punto interrogativo o esclamativo, lo si scrive all'interno delle virgolette, mentre dopo la chiusura delle virgolette si aggiunge il punto o qualsiasi altro segno di interpunzione necessario: *Luigi esclamò esasperato: «Insomma, smettetela!»*.

---

51 Francesca Serafini, 2012, *Questo è il punto. Istruzioni per l'uso della punteggiatura*, *cit.*, p. 78.

2. Nel caso di **combinazione di parentesi+segni di punteggiatura**, il comportamento è simile al caso precedente.
   a. Il punto, la virgola, il punto e virgola e i due punti vanno dopo la chiusura della parentesi: *alla fine ci perdemmo nel corridoio dei surgelati, dove comprammo un sacco di leccornie (come pizza, arancini, croissant per la colazione e hamburger).*
   b. Il punto interrogativo ed esclamativo vanno dentro alle parentesi, in quanto parte dell'inciso: *Indossava una tutina rosa (riesci a immaginartela?) che, tra l'altro, le stava malissimo.* Eventuali altri segni necessari si mettono dopo la parentesi.
3. Nel caso di **incisi realizzati tramite le lineette**, valgono sempre le stesse regole, ossia punto esclamativo e interrogativo all'interno delle lineette: *quindi ho seguito le indicazioni e – pensa un po'! – mi sono ritrovato in piazza.* Normalmente sarà meglio evitare un inciso con le lineette a fine frase, quindi il problema del punto successivo alla lineetta non si dovrebbe porre. A volte, invece, può capitare il cumulo lineetta-virgola a seguire; anche se insolito, lo si incontra anche in alcuni romanzi, come scelta autoriale. In questo caso, il testo si presenterà così: *era lui a inseguirla, proprio lui – non Larry, come aveva pensato inizialmente –, eppure il suo cuore ancora non era convinto.*

Lettura Imre Oravecz, 2004. *Settembre, 1972*, Milano, Edizioni Anfora, trad. dall'ungherese a cura di Vera Gheno di *1972. Szeptember*, 2003, Pécs, Jelenkor.

Leggiamo una delle "poesie in prosa" di Oravecz riguardanti un amore enorme e sofferto, soprattutto per la particolarità della punteggiatura. Per scelta, in ognuno dei suoi componimenti, invece di andare "poeticamente" a capo, Oravecz usa solo le virgole, riservando il punto alla fine di ogni componimento, in una specie di flusso di coscienza che potrebbe ricordarci Joyce. Ecco un esempio di come anche la punteggiatura possa diventare un elemento stilistico rilevante per un'opera letteraria.

Prima di te ho amato

un'altra, fu un rapporto sereno, sereno in maniera sospetta, non c'è da stupirsi che tanto più penosa fu la fine, ma ancora più penoso della fine il ricordo della fine, so che tutto questo lo sai, e anche che dopo un po' di tempo ogni persona arriva a un'età in cui ormai prima di chiunque ha già amato qualcuno, nonostante che una volta, quando ancora la sua vita se la immaginava del tutto diversamente, sua ferma intenzione fosse stata di amare una sola per sempre, ma non voglio lamentarmi di questo proprio con te, sarebbe grossolano, e lungi da me anche offrirti perle di saggezza di poco valore, faccio parola del passato davanti a te solo perché mi sono reso conto che quel vecchio rapporto, non letteralmente, ma in senso lato, o meglio, poiché rappresentava un *ostacolo*, è finito veramente solo adesso, quando ormai ti accetto senza riserve per come sei, quando guardo, ma non vedo l'irregolarità del tuo naso, quando percepisco, ma non mi accorgo del tuo odore di sudore, quando mi innervosisce, ma sopporto la tua disattenzione, quando mi angoscia la tua sventatezza ma non te ne faccio una colpa, quando so che non mi capisci ma non dubito delle tue capacità, sì, adesso è finito per davvero, perché adesso ormai tu sei *tu* per me, non io e non altri, un essere prezioso nonostante le tue imperfezioni, insostituibile, inconfondibile e unica, come quel misterioso momento in cui ti sei separata da tutti e ti sei identificata con te stessa, come il bramato futuro, che attraverso di te è diventato presente.

VI

La costruzione del testo. I coesivi e i connettivi

Il termine *testo* viene dal latino *TĔXTU(M)*, accusativo di *TEXTUS, -US*, propriamente 'tessuto', derivato del verbo *TEXĔRE* 'tessere'. Se immaginiamo il testo come un tessuto, sarà più immediato comprendere come esso abbia bisogno di caratteristiche che gli permettano di essere *coeso*, proprio come un panno formato da un intreccio di trama e ordito. Il testo viene definito *unità fondamentale dell'attività comunicativa umana*[52]; ancora, citando Massimo Prada, «Il testo è la manifestazione fisica [...] di un messaggio inviato da un emittente a più destinatari perché questi lo assoggettino a interpretazione e giungano alla sua comprensione»[53] .

6.1 I principi costitutivi e regolativi del testo

I linguisti Robert-Alain de Beaugrande e Wolfgang Ulrich Dressler stilano una lista dei **sette principi costitutivi di un testo**[54], che possono servire per schematizzare la definizione intuitiva che ne abbiamo:

- **COESIONE**: il testo è grammaticalmente e sintatticamente corretto: **Babbo Natale portano i regali* non lo è. Approfondiremo la questione della coesione poco oltre.

52 Massimo Prada, 2004, *Laboratorio di scrittura*, Milano, LED, p. 84.
53 Ivi, p. 84.
54 Robert-Alain De Beaugrande, Wolfgang Ulrich Dressler, 1994, *Introduzione alla linguistica testuale*, ed. or. 1981, Bologna, il Mulino, ripreso in Massimo Prada, 2004, *Laboratorio di scrittura, cit.*, pp. 91-96.

- **COERENZA**: gli elementi del testo sono collegati tra di loro in maniera logica. **Il cibo era ancora bollente, quindi i fiori nei campi fiorirono* è, almeno in prima analisi, poco coerente.
- **INTENZIONALITÀ**: l'emittente, il generatore del testo *vuole* comunicare qualcosa. Sembra banale, ma se essere comprensibile non è tra le mie intenzioni, non lo sarò.
- **ACCETTABILITÀ**: il destinatario *vuole* recepire la comunicazione, vuole partecipare allo scambio comunicativo. Provate a discutere con una persona che si tappa le orecchie.
- **INFORMATIVITÀ**: è la misura di quanto un testo dà informazioni nuove rispetto a quanto già sappiamo. Chiaramente, lo stesso testo può essere ampiamente informativo o non esserlo affatto a seconda del contesto. Pensate ai TG serali: se li guardate in sequenza, il primo sarà altamente informativo perché dice cose nuove; i successivi, pur presentando, magari, le informazioni in maniera differente, lo saranno molto meno. E calerà anche il nostro interesse nell'ascoltarli.
- **SITUAZIONALITÀ**: un testo vive nel suo contesto; sarà questo a renderlo interpretabile. Se appendo il cartello "vietato fumare e usare fiamme libere" nel mio salotto, al massimo ottengo un effetto comico, ma il messaggio non avrà la stessa valenza che avrebbe se fosse imbullonato a una stazione di rifornimento del carburante.
- **INTERTESTUALITÀ**: un testo vive anche di rapporti con altri testi presenti "nel mondo circostante": riconosciamo un libro come tale perché conosciamo l'oggetto "libro"; riconosciamo un cartello giallo come "pericolo" e un cartello rosso come "divieto" perché "nel nostro mondo" siamo abituati a vedere tali colori codificati in questo modo.

A questi i due linguisti aggiungono tre elementi che sono invece chiamati **principi regolativi**:

- **EFFICIENZA**: la caratteristica di un testo che riesce a fare raggiungere i fini per cui è stato creato in maniera economica, senza troppo dispendio di energia, ivi compresa la costruzione del testo (non ha senso usare cento parole dove se ne possono impiegare solo cinquanta, o venti sinonimi quando una minore dispersione potrebbe risultare in maggiore chiarezza). Una tesi triennale ottima, ma per la cui scrittura lo studente ha impiegato un anno, non è efficiente: è stato sprecato troppo tempo.

- **EFFICACIA**: quando un testo riesce a esplicare la sua funzione in maniera forte. Una pubblicità, per esempio, dovrebbe essere molto efficace (magari non è stata efficiente, nel senso che ci è voluto molto tempo per riuscire a realizzarla). Insomma, un testo efficace spesso è meno efficiente e viceversa: occorre quindi trovare un equilibrio tra queste due caratteristiche e dare il meglio che si possa dare nel tempo che ci è stato concesso.
- **APPROPRIATEZZA**: la caratteristica di un testo che si presenti appropriato rispetto al contenuto che deve comunicare. Per esempio, lo stile giornalistico-brillante non è adatto a una tesi di laurea, perché l'intento della tesi non è lo stesso di un quotidiano o di un blog.

Dunque, il testo è un "oggetto" che si presenta come **unitario**: leggendolo, abbiamo comprensione dei suoi confini, del suo significato, del suo scopo, ecc. Questa unità è realizzata, superficialmente, tramite una serie di strumenti linguistici che vedremo; ma tale **unità superficiale** (**unità *linguistico-grammaticale***) può funzionare solo se riflette un'**unità profonda** di senso e significato.

6.2 L'unità profonda

Soffermiamoci sulla questione dell'unità profonda. Questa è l'insieme dei seguenti aspetti[55]:

55 Massimo Prada, 2003, *Scrittura e comunicazione. Guida alla redazione di testi professionali. Volume 1: Comunicazione - Testo - Varietà di Lingua*, Milano, LED, pp. 201-204.

- UNITÀ ***REFERENZIALE***: si realizza tramite la presenza in ciascun enunciato di riferimenti a elementi presenti in altri enunciati del testo, o anche esterni a questo, tramite legami chiaramente riconoscibili. Questa unità viene creata principalmente attraverso l'uso dei *pronomi*, come analizzeremo successivamente.
- UNITÀ ***TEMATICA***: la cogliamo tramite l'analisi degli elementi *semanticamente pieni*, ossia delle parole "piene" di significato, che, messe in varie relazioni reciproche (iponimia, iperonimia, sinonimia ecc.) ci permettono di capire che l'argomento globale è lo stesso. Anche questo aspetto verrà approfondito in seguito.
- UNITÀ ***LOGICA*** (*NON-CONTRADDITTORIETÀ*): è la caratteristica di un testo che non sarà in contraddizione con quanto conosciamo del mondo; in sostanza, il testo non deve fare affermazioni illogiche rispetto alle caratteristiche della realtà che ci sono note. Per esempio, se un elaborato afferma che la terra è piatta, questo sarà in contraddizione con la nozione da noi interiorizzata del mondo sferico.
- UNITÀ ***FUNZIONALE***: il testo ha una forma coerente con le finalità che vuole raggiungere; l'interprete del testo, in altre parole, capisce *dove* il testo lo voglia portare e *che cosa* voglia ottenere.
- UNITÀ ***STRUTTURALE-FORMALE***: è la caratteristica posseduta da un testo che contenga sequenze testuali riconoscibili e razionalmente organizzate in base a quello che vuole comunicare (*strutturalità*); si presenti in una forma collegabile a degli schemi stilistici e formali a noi noti (*paradigmaticità*) (per esempio: pensate alle caratteristiche che vi aspettate da un oggetto chiamato "tesi di laurea"); abbia dei confini che si identificano chiaramente, ossia un inizio e una fine (*individuabilità*).

Dunque, abbiamo finora visto che, fondamentalmente, per concepire un testo che "regge", occorre prima di tutto avere le idee chiare su *cosa* si voglia dire: un pensiero coerente aiuta a concepire un testo coerente. L'unità del pensiero viene, insomma, traslata "sulla carta" tramite la realizzazione di un'unità superficiale, per creare la quale abbiamo a disposizione un intero arsenale di strumenti.

6.3 La coesione grammaticale: reggenze e concordanze

Il primo livello di coesione è quello delle reggenze e delle concordanze, ossia di tutto il sistema di accordi di soggetto e verbo, aggettivo e sostantivo, articolo e sostantivo, femminile con femminile e maschile con maschile, singolari e plurali, ecc. Stiamo particolarmente attenti alle reggenze reciproche di tempi e modi verbali, anche quando magari sono separati da diverse parole. Allo stesso modo, prestiamo attenzione che frasi principali e subordinate siano collegate e accordate correttamente. Rileggiamo più volte ogni periodo per sincerarci che sia tutto ben accordato, e che quindi il testo "tenga". Apparentemente gli accordi non sono troppo problematici almeno per un madrelingua; in realtà, nascondono anch'essi qualche insidia.

Uno dei tipici errori, accettabili nel parlato e nello scritto a bassa formalità ma da evitare in un testo con maggiori esigenze di precisione, è quello dell'***accordo a senso***: invece di accordare il soggetto grammaticale con il suo verbo, lo si accorda con il soggetto logico, che di solito è più vicino. Facciamo qualche esempio di questo errore: **Un milione di persone pensano*... Il soggetto grammaticale è *un milione*, quindi singolare. Siamo portati a mettere il verbo al plurale perché *persone* sta più vicino al verbo, e attrae la nostra attenzione. La forma più corretta è *un milione di persone pensa*. Altro esempio: **Il 25% degli intervistati hanno risposto*... Anche in questo caso, la nostra logica viene "distratta" dagli *intervistati*, indubbiamente al plurale, e possiamo dimenticarci del fatto che il soggetto grammaticale della frase è *il venticinque per cento*. Di nuovo, la frase corretta è *Il venticinque per cento degli intervistati ha risposto*... L'accordo a senso è un errore comunissimo, lo si legge molto spesso anche sui giornali. Non vuol dire che sia da "depenalizzare" completamente: in una tesi di laurea o, più in generale, in un testo scientifico, è il caso di evitarlo.

6.4 La coesione pronominale: i sostituenti

Sistemato il livello base, quello delle reggenze e delle concordanze, passiamo alla seconda questione. Non possiamo ripetere continuamente i sostantivi di cui stiamo parlando. Il testo sarebbe a dir poco martellante:

**Giovanni aveva indossato i pantaloni di Giovanni, era uscito dall'appartamento di Giovanni e aveva preso la macchina di Giovanni. Giovanni era molto arrabbiato, e a Giovanni pareva che tutta la vita di Giovanni non avesse più senso.*

Come agiamo, dunque, per evitare mille ripetizioni? Possiamo usare i **sostituenti**, che sono principalmente, ma non esclusivamente, **pronomi**:

Giovanni *aveva indossato i ←[**suoi**] pantaloni, era uscito dal ← **suo** appartamento e aveva preso la ←**sua** macchina. ← [**Egli**] era molto arrabbiato, e ←**gli** pareva che tutta la ←**sua** vita non avesse più senso.*

Meglio, no? Dunque, in questo caso abbiamo usato tutto un sistema di pronomi e aggettivi possessivi per evitare di ripetere continuamente il nome del protagonista. *Egli* e *suoi* sono tra parentesi quadre perché in quei casi, essendo chiaro di chi e cosa stiamo parlando, si possono omettere del tutto.

Abbiamo visto un esempio di cosiddetta ***catena forica***, in questo caso, per la precisione, ***anaforica***. I collegamenti **forici** sono di due tipi:

1. quello più comune è **l'anafora**, in cui, in sostanza, i vari sostituenti (nel nostro esempio, pronomi) **rimandano all'indietro** verso un **sostantivo pieno** precedentemente già citato: nella frase appena vista, tutti i pronomi rimandano indietro a Giovanni. **Anafora** viene dal greco *anaphorá* 'offerta', 'ripetizione'; il prefisso ***ana-*** significa 'sopra', 'in su': un rimando in su (quindi indietro) nel testo, insomma. La definizione completa è 'il riferirsi di una parola, solitamente un pronome, a una o più parole precedenti' (Il Nuovo De Mauro). Solitamente, quindi, **prima** verrà la parola semanticamente piena e **dopo** il richiamo tramite pronome.

2. Quello meno comune ma ugualmente in uso è la **catafora**, nella quale i vari sostituenti invece **rimandano in avanti** verso un sostantivo pieno che viene citato in seguito: *Guarda**la**→, **Emma** sembra proprio felice!* **Catafora** viene dal greco *kataphorá* 'discesa', 'caduta'; il prefisso ***kata***- significa 'giù', 'in basso'. Un rimando in giù (in avanti) nel testo. Tutto chiaro? Se vi ricordate che il collegamento più comune e semplice ha anche il nome più consueto (*anafora*), forse vi confonderete meno.

Non c'entra, invece, niente, l'anafora poetica, che consiste nella ripetizione voluta di alcune parole all'inizio della frase, come nei famosi versi incisi all'interno dell'Unico Anello nel Signore degli Anelli:

Un Anello per domarli, **un Anello** per trovarli, / **Un Anello** per ghermirli e nel buio incatenarli.

In base agli esempi visti finora, i collegamenti forici si fanno principalmente con i pronomi che, ricordiamo, sono i seguenti:

- **personali**: **soggetto** *io, tu, egli*... **complemento tonico** *me, te, lui/lei*...; **complemento atono** *mi, ti, lo/la*..., senza dimenticare che questi ultimi funzionano anche quando sono usati come clitici, cioè attaccati a un verbo: *prendi**lo**, scaccia**li**, ferma**mi***, ecc.;
- **possessivi**: *mio, tuo, suo*...;
- **dimostrativi**: *questo, questa, quello, quella, codesto, codesta*...;
- **relativi**: *che, il quale, la quale*...;
- **indefiniti**: *alcuno, nessuno, ciascuno*...

Possono funzionare da rimandi forici alcuni altri elementi, ovvero i **deittici** (*deixis* in greco vuol dire 'indicazione'; non scrivete *deiettico*, parola che non esiste e che richiama le... *deiezioni*!), che sono parole che assumono un significato specifico solo se immerse in un certo contesto: *vieni **qui***; *la lezione si tiene **là***; *sei stato **tu** a gridare?*; *ho comprato il giornale **ieri***.

6.5 La coesione lessicale: ripetizioni, riformulazioni, sinonimi, iponimi, iperonimi, meronimi, olonimi

Chiaramente, usare i pronomi non è l'unico modo per creare coesione. Importantissimo, quando lavoriamo su testi complessi, è anche il lessico, cioè l'uso delle parole *semanticamente piene* (quelle che, nel nostro cervello, rimandano immediatamente a un'immagine definita: *ciliegia*, *bosco* sono parole piene; *là*, *un* sono parole vuote). Un testo vivrà di una rete semantica oculatamente scelta.

Ripetizione

La soluzione più semplice, talvolta, è la **ripetizione**: accade che, soprattutto nel caso di termini altamente specialistici, non esistano sinonimi; ad esempio, se sto scrivendo una voce enciclopedica sulla *cellula*, non è che possa chiamarla *pirulino*! In quel caso, o ripeto pari pari la parola, o al limite posso abbreviarla, chiaramente specificandolo: *la cellula (d'ora in poi abbreviata in c.) non è altro che [...]. La c. contribuisce...*

Sinonimia

In casi meno specifici, è probabile che si possa ricorrere a termini che sono formalmente differenti ma rimandano a concetti simili, permettendoci di comprendere che stiamo sempre parlando dello stesso argomento. Generalmente si parla di ***sinonimi***: *Mi può ripetere la **domanda**? Il **quesito** non mi è chiaro.*

Riformulazione

Si noti che quando ci si riferisce a persone, non si parla di sinonimia quanto di ***riformulazione***: in ***Renzi** ha visitato New York. Con l'occasione, il **premier** ha incontrato Barack Obama*, la parola *premier* è riformulazione di *Renzi*; in ***Carla Fracci** ha assistito alla prima della Scala; è ben nota la passione della **ballerina** per la danza anche come spettatrice*, il termine *ballerina* è riformulazione di *Carla Fracci*.

Iponimia e iperonimia

Va detto che spesso sfrutteremo delle quasi-sinonimie, creando collegamenti tramite:

- **iponimi**, ovvero termini con un significato più ristretto rispetto a quello di riferimento, come *gatto* rispetto a *felino*: *gatto* è iponimo di *felino*. Riconosciamo nella parola *iponimo* il prefisso *ipo-*, derivante dal greco *hypó-*, significa 'sotto, dietro'. Conoscete molte parole formate con questo prefisso, come *ipotiroideo*, *ipoglicemia*, *ipocalorico*, ecc.
- **iperonimi**, cioè termini con un significato più ampio rispetto a quello di riferimento, come *utensile* rispetto a *martello*: *utensile* è iperonimo di *martello*. In *iperonimo* riconosciamo il prefisso *iper-*, che deriva dal greco *hypér-* 'sopra, oltre'. Anche in questo caso, il prefisso vi è noto da parole come *ipermercato*, *iperteso*, *iperattivo*.

È evidente che il rapporto di ipo- e iperonimia dipende dall'ordine in cui presentiamo gli elementi: *husky* è iponimo di *cane* e *cane* è iperonimo di *husky*. Di solito, nell'indicare se si tratta di ipo- o iperonimia, si procede logicamente indicando il rapporto del termine che viene scritto dopo con quello che viene scritto prima: in una frase come *ho portato lo* ***scooter*** *dal meccanico: all'inizio dell'inverno è meglio controllare lo stato dei* ***mezzi a motore***, possiamo dire che nella frase c'è un rapporto di **iperonimia**: infatti, *mezzi a motore* è iperonimo di *scooter*.

Meronimia e olonimia

Un'altra relazione possibile tra due termini è quella di *meronimia-olonimia*.

Un **meronimo** indica **una parte di qualcosa**: *sellino* è meronimo di *bicicletta*, *risvolto* è meronimo di *pantalone*. *Meronimo* contiene il termine greco *méros*, che significa 'parte'.

Il suo corrispettivo, cioè l'intero in questione, è l'**olonimo** (sempre dal greco *hólos*, 'intero': *bicicletta* è olonimo di *sellino*, *bottiglia* è olonimo di *tappo*.

Va da sé che nessuno di questi rapporti dipende specificamente e unicamente dal significato della parola, ma dal contesto in cui citiamo i vari termini. Se si hanno ben chiari questi collegamenti, è più facile fare avanzare il discorso.

Termini generici

Nei nostri discorsi ricorrono spesso termini *passe-partout*, che possono sostituirne altri di significato più preciso. Soprattutto quando siamo poco concentrati, preferiremo usare una di queste parole perché ci verranno in mente per prime. I **termini generici** sono *cosa, roba, fatto* o anche verbi come *fare* o *avere*, usati in luogo di corrispettivi più semanticamente pregnanti. Possono essere impiegati come rimandi lessicali, ma senza abusarne: ricordiamoci che, avendo un significato piuttosto ampio, talvolta non rappresentano la soluzione comunicativamente ottimale. ***Ernesto ha di nuovo dimenticato la porta aperta****. Questa* ***cosa*** *mi fa arrabbiare tutte le volte.*

Ellissi

Per concludere questo viaggio nella coesione lessicale, un ultimo appunto riguarda il caso in cui il coesivo possa essere sottinteso perché chiaramente deducibile dal contesto: in questo caso si parla di *ellissi* (non *ellisse*, quella è roba matematica!) e la si indica con il simbolo Ø: ***I ragazzi della band*** *si erano appena radunati. Ø Avevano iniziato a pensare a un nuovo brano; Ø si erano subito trovati in sintonia e Ø si erano chiesti se non fosse il caso di approfittare dell'attacco di creatività per buttare giù più idee.*

6.6 La coesione logica: i connettivi

Finora ci siamo occupati della coesione a livello per così dire microtestuale, analizzando i modi con i quali creare rinvii ad altri punti del testo. Chiaramente, il testo dovrà avere anche un respiro più ampio. Allargando, quindi, lo sguardo, possiamo chiederci come si faccia a rendere evidente l'avanzare del nostro ragionamento. Come sottolineare gli snodi principali del nostro discorso, chiarire le **relazioni di senso,** soprattutto quando il testo è di tipo argomentativo? Abbiamo a disposizione un arsenale pressoché illimitato di **connettivi** che, come dice il nome, *creano connessioni* tra parti di testo. La lista è di fatto aperta, anche se è possibile fare un elenco semiprovvisorio perlomeno delle classi di funzioni ricoperte da questi elementi. In realtà, se si pensa ai tipi di rapporti che ci possono essere tra parti di testo, la lista[56] si può creare facilmente; avremo:

- **relazioni di tempo** (*prima-durante-dopo*: pensate a quanto sono importanti nelle ricette);
- **relazioni di luogo** (*qui-là-in alto-in basso*: importantissime nei testi descrittivi, per esempio un testo che analizza un dipinto);
- **relazioni di causa-effetto** (*poiché-quindi-di conseguenza*: permettono di chiarire un ragionamento logico);
- **relazioni di ordine** (*innanzitutto-in secondo luogo-per concludere*);
- **relazioni di simmetria o opposizione** (*da una parte... dall'altra-invece-al contrario*);
- **relazioni di argomentazione o dimostrazione** (*infatti-in realtà-effettivamente*);
- **relazioni di valutazione** (*secondo me-a mio giudizio-purtroppo-per fortuna*; questi connettivi sono importantissimi per evitare di sembrare troppo "sicuri di sé" quando si afferma un'idea: siamo, infatti, sempre titolati ad avere la nostra opinione, ma occorre saperla esprimere in maniera intelligente);
- **relazioni di struttura** (*come si è già detto-da qui in poi parleremo di*; attraverso questi connettivi forniamo una "guida" al lettore di come vada letto il nostro testo, aiutandolo a seguire i vari passi dell'argomentazione).

56 La lista è tratta da Massimo Prada, 2004, *Laboratorio di scrittura*, *cit*., pp. 93-94.

L'impiego dei connettivi deve essere ponderato e non casuale. I connettivi hanno un ruolo rilevante nel garantire che il nostro testo corrisponda alle esigenze del caso. Mentre una prosa frammentaria, priva di connettivi, basata soprattutto sulla punteggiatura, può essere una valida scelta letteraria, nel caso di una tesi di laurea abbiamo a che fare con testi che devono essere altamente funzionali; per questo, facciamo più attenzione a far *funzionare* il testo che non a renderlo brillante e gradevole da leggere.

Vediamo la differenza tra due tipi di testi: uno letterario, in cui lo scrittore si può permettere lo stile che più gli aggrada, e uno completamente diverso: la ricetta culinaria. Noterete come ognuno dei due testi presenti delle caratteristiche peculiari. Nel primo caso prevale il piacere della lettura, nel secondo caso, ovviamente, ha maggiore importanza la funzionalità.

LETTURA Stefano Benni, 1995 [1976], *La Luisona*, in *Bar Sport*, Milano, Mondadori, pp. 15-16.

Al bar Sport non si mangia quasi mai. C'è una bacheca con delle paste, ma è puramente coreografica. Sono paste ornamentali, spesso veri e propri pezzi d'artigianato. Sono lì da anni, tanto che i clienti abituali, ormai, le conoscono una per una. Entrando dicono: «La meringa è un po' sciupata oggi. Sarà il caldo». Oppure: «È ora di dar la polvere ai krapfen». Solo, qualche volta, il cliente occasionale osa avvicinarsi al sacrario. Una volta, ad esempio, entrò un rappresentante di Milano. Aprì la bacheca e si mise in bocca una pastona bianca e nera, con sopra una spruzzata di quella bellissima granella in duralluminio che sola contraddistingue la pasta veramente cattiva. Subito nel bar si sparse la voce: «Hanno mangiato la Luisona!». La Luisona era la decana delle paste, e si trovava nella bacheca dal 1959. Guardando il colore della sua crema i vecchi riuscivano a trarre le previsioni del tempo. La sua scomparsa fu un colpo durissimo per tutti. Il rappresentante fu invitato a uscire nel generale disprezzo. Nessuno lo toccò, perché il suo gesto malvagio conteneva già in sé la più tremenda delle punizioni. Infatti fu trovato appena un'ora dopo, nella toilette di un autogrill di Modena, in preda ad atroci dolori. La Luisona si era vendicata.

La particolarità di queste paste è infatti la non facile digeribilità. Quando la pasta viene ingerita, per prima cosa la granella buca l'esofago. Poi, quando la pasta arriva al fegato, questo la analizza e rinuncia, spostandosi di un colpo a sinistra e lasciandola passare. La pasta, ancora intera, percorre l'intestino e cade a terra intatta dopo pochi secondi. Se il barista non ha visto niente, potete anche rimetterla nella bacheca e andarvene.

Lettura Pellegrino Artusi, 1891, *La scienza in cucina e l'arte di mangiar bene*: *Zuppa toscana di magro alla contadina* (ricetta n° 58).

Questa zuppa che, per modestia, si fa dare l'epiteto di contadina, sono persuaso che sarà gradita da tutti, anche dai signori, se fatta con la dovuta attenzione.

- Pane bruno raffermo, di pasta molle, grammi 400.
- Fagiuoli bianchi, grammi 300.
- Olio, grammi 150.
- Acqua, litri due.
- Cavolo cappuccio o verzotto, mezza palla di mezzana grandezza.
- Cavolo nero, altrettanto in volume ed anche più.
- Un mazzo di bietola e un poco di pepolino.
- Una patata.
- Alcune cotenne di carnesecca o di prosciutto tagliate a striscie.

Mettete i fagiuoli al fuoco con l'acqua suddetta unendovi le cotenne. Già saprete che i fagiuoli vanno messi ad acqua diaccia e se restano in secco vi si aggiunge acqua calda. Mentre bollono fate un battuto con un quarto di una grossa cipolla e due spicchi d'aglio, due pezzi di sedano lunghi un palmo e un buon pizzico di prezzemolo. Tritatelo fine, mettetelo al fuoco con l'olio soprindicato e quando avrà preso colore versate nel medesimo gli erbaggi tagliati all'ingrosso, prima i cavoli, poi la bietola e la patata tagliata a tocchetti. Conditeli con sale e pepe e poi aggiungete sugo di pomodoro o conserva, e se nel bollire restassero alquanto asciutti bagnateli con la broda dei fagiuoli. Quando questi saranno cotti gettatene una quarta parte, lasciati interi, fra gli erbaggi unendovi le cotenne; gli altri passateli dallo staccio e scioglieteli nella broda, versando anche questa nel vaso dove sono gli erbaggi. Mescolate, fate bollire ancora un poco e versate ogni cosa nella zuppiera ove avrete già collocato il pane tagliato a fette sottili e copritela per servirla dopo una ventina di minuti.

Questa quantità può bastare per sei persone; è buona calda e meglio diaccia.

VII

Tecniche per leggere e prendere appunti

Leggere non è facile, e non lo è neanche prendere appunti. Anzi, sono arti che all'università dovrebbero affinarsi: se vi trovate a leggere e rileggere lo stesso testo senza ricordarvi niente subito dopo, vuol dire che siete distratti e non state lavorando con la necessaria concentrazione. Allo stesso modo, se non riuscite a prendere appunti, il motivo più plausibile è che non siete perfettamente focalizzati su quanto dovreste ascoltare. Ascoltare e leggere, normalmente considerate delle attività passive rispetto al parlare e allo scrivere, sono, di fatto, tutt'altro che tali[57]. Entrambe richiedono la decodifica di un testo di cui dobbiamo fruire. Ed entrambe necessitano che la nostra comprensione del testo sia totale e approfondita. Se non riusciamo a sintetizzare quanto letto, esattamente come se non siamo in grado di capire quali siano i concetti rilevanti da appuntarsi, vuol dire che non abbiamo capito tale testo con sufficiente chiarezza. E se perseveriamo a studiare in questo modo, impareremo le cose "a papera", dimenticando tutto subito dopo l'esame.

Esistono tecniche tutto sommato semplici da imparare. È ovvio che registrare il relatore o il professore e sbobinarlo a casa è una pratica da scoraggiare (tempo perso!), come pure fotografare le diapositive proiettate in aula. Prendere appunti è un ottimo esercizio, una vera e propria ginnastica cerebrale.

---

57 Per approfondimenti, cfr. il capitolo *Tecniche di lettura* in Paola Italia, 2006, *Scrivere all'università. Manuale pratico con esercizi e antologia di testi*, Firenze, Le Monnier, pp. 21-34.

7.1 La lettura in tre passaggi (più uno)

Almeno in teoria, per acquisire con chiarezza un testo servono tre passaggi (se ve ne servono quattro o cinque o sei o dieci, forse il problema è che siete davvero troppo distratti).

> → **La prima regola**
> Quando si legge a scopo di studio, bisogna essere il più concentrati possibile: spegnere la radio e la tv, staccare le notifiche del cellulare; fare in modo, insomma, di concentrare lo studio in sessioni anche brevi (anche mezz'ora va bene), ma senza distrazioni. Studiate concentrati e in un tempo concentrato.

› Orientamento preliminare

Al primo giro, occorre scorrere il testo per averne una prima idea. "Scorrere il testo" vuol dire anche verificarne il contesto, ossia in che libro siamo, a che punto del volume si pone la nostra lettura, qual è il titolo, ecc. Molto spesso gli studenti arrivano a un esame conoscendo i testi assegnati, ma senza riuscire a citare i titoli dei volumi da cui sono tratti, e spesso nemmeno l'autore. Invece queste sono tutte informazioni di contorno che ci permetteranno di comprendere meglio quanto leggeremo. Non ha senso, insomma, partire "a bomba", senza avere nessuna informazione preliminare su quanto dobbiamo studiare.

› Il primo passaggio: lettura veloce

Fatto questo, il primo, vero approccio al testo è una lettura veloce: possiamo cercare di individuare i concetti chiave scorrendo il testo, magari guardando i titoletti o eventuali grassetti; leggere l'inizio e la fine di ogni capoverso, farsi un'idea generale della struttura del testo, di come sia suddiviso, di quanto sia lungo e di come proceda il ragionamento. Una specie di lettura a volo radente, insomma. In questa fase, non soffermiamoci su aspetti particolari del testo: questo lo faremo dopo.

› Il secondo passaggio: lettura approfondita

Dopo la prima lettura, adesso dovremmo essere in grado di avvicinarci al testo con un occhio già preparato: sappiamo più o meno di cosa parla, siamo al corrente della sua estensione e della sua suddivisione. Iniziamo a leggerlo con attenzione. "Leggere con attenzione" significa leggere **ogni singola parola del testo**, **appuntarsi i termini a noi sconosciuti** e andare a cercarli su un dizionario, in modo da evitare lacune nella nostra comprensione (che, più che lacune, diventano dei veri e propri buchi neri per la conoscenza, smontando tutto il nostro lavoro di comprensione); significa **individuare e sottolineare o evidenziare le frasi più rilevanti** (evidenziare *tutto*, come si vede a volte fare da studenti che si giustificano dicendo "così so dove sono arrivato", non è una grande idea: per vedere dove si è arrivati esistono i segnalibri!). Le evidenziazioni possono essere di colori diversi, secondo un sistema mnemonico personale, ad esempio per differenziare le diverse categorie di informazioni: un colore per la terminologia, uno per i personaggi citati, un altro ancora per gli avvenimenti storici...

Può anche essere utile scrivere **annotazioni** sul bordo della pagina, per esempio, se un'informazione appena letta ce ne richiama una a noi già nota. Questi collegamenti intertestuali, talvolta anche interdisciplinari, saranno importantissimi quando dovremo costruire un testo argomentativo complesso. Sarà una lettura estremamente lenta, e durante la quale occorre mantenere la massima concentrazione, altrimenti tutto lo sforzo sarà vano e dovrete ricominciare da capo.

› Il terzo passaggio: la verifica

La terza fase funziona da controllo: rileggiamo velocemente il testo, verifichiamo di esserci appuntati tutto e di avere chiaro il significato di tutte le parole, controlliamo di avere individuato per davvero i concetti salienti, e magari pensiamo anche a come il testo appena letto possa collegarsi al resto del materiale studiato per uno specifico esame: a volte, si ha l'impressione che gli studenti non abbiano proprio idea di perché sia stato assegnato loro un certo testo da leggere. Ricordiamoci, insomma, di mantenere sempre una visione *olistica* del nostro percorso formativo. Se ci ritroviamo, alla fine di una lettura, a chiederci "questo cosa c'entra con il resto che ho studiato?", c'è qualcosa che non va.

› Quando qualcosa va storto

Un indicatore abbastanza affidabile del fatto che la preparazione non sia andata a buon fine è quando lo studente non riesce a rispondere a domande collaterali rispetto al materiale studiato. Esempio: lo studente dice "L'informatica umanistica è una disciplina bicefala"; il professore chiede "Ma che vuol dire *bicefala*?"; lo studente non sa rispondere. Cosa avrà capito della frase non avendo controllato il significato del termine che, in questo contesto, rappresenta l'informazione fondamentale del periodo? Ma davvero c'è qualcuno che aspira a studiare solo per superare l'esame, per poi rimuovere tutto il giorno dopo?

› Quando, invece, tutto funziona

La migliore riprova della piena comprensione di un testo è la capacità di scriverne una parafrasi (una riscrittura con parole nostre, che riporti tutte le argomentazioni esposte, senza pareri personali) o una sintesi (una versione concisa del testo, più breve dell'originale). Anzi, sarebbe decisamente una buona idea, per lo meno per le parti più complesse della materia che si sta studiando, preparare delle sintesi di controllo. Per tecniche di parafrasi e sintesi, qualora aveste dei dubbi, consiglio la lettura di parte del capitolo *Tecniche di scrittura* di Paola Italia, 2006, *Scrivere all'università. Manuale pratico con esercizi e antologia di testi*, *cit.*, pp. 35-42.

7.2 Gli appunti: croce e delizia

A tutti sarà capitato di essere assenti a una lezione, e quindi di chiedere gli appunti a un altro studente. A tutti sarà capitata la sensazione straniante di non capirci niente. Non siamo diventati scemi noi – e neanche è scemo lo studente che ce li ha prestati – ma si tratta, piuttosto, di un fatto abbastanza interessante: *non esiste che due persone prendano esattamente gli stessi appunti, perché ogni persona recepirà l'oratore in modo leggermente diverso.* Sentiamo tutti le stesse cose, insomma, ma poi il nostro cervello le processa in maniera personale.

Ne consegue che la cosa migliore sarebbe potere sempre prendere gli appunti da sé, perché la loro decodifica sarà infinitamente più semplice.

Chiaramente, come per il caso della lettura, essere fisicamente presenti a lezione, o alla conferenza, e avere il cervello da un'altra parte, è relativamente poco utile: non riusciremo a seguire il filo del discorso e i nostri appunti saranno conseguentemente caotici. Insomma, **l'attenzione** è condizione necessaria. L'oratore, dal canto suo, dovrebbe conoscere le capacità di concentrazione del pubblico che ha davanti e fare una pausa ogni 45 minuti per evitare che l'attenzione crolli miseramente.

Il modo migliore per prendere appunti è ancora quello "low tech" di **carta e penna**; magari molti di voi scrivono molto più velocemente al computer, ma ricordiamoci che la scrittura a mano è utilissima per non perdere la finezza e precisione dei micromovimenti, che sono importanti per il cervello umano.

Dunque, ci siete voi, il vostro foglio, il vostro mezzo per scrivere, l'oratore di fronte a voi e, anche qui, zero distrazioni. Guardate il foglio bianco davanti a voi: sfruttatelo nella sua interezza. Non state scrivendo un tema, non dovete realizzare una sequenza di frasi graziosamente disposte una sotto l'altra. Del resto, non dovete neanche riempire tutto il foglio senza lasciare nemmeno uno spazietto libero: i *WOT, wall of text*, 'muri di testo', fanno scappare i lettori in Rete e sicuramente non saranno di aiuto nemmeno a noi nella successiva rilettura dei nostri appunti. Già, perché il ruolo fondamentale degli appunti è proprio quello di venire riletti. Occorre quindi lavorare il più possibile sulla loro fruibilità a posteriori.

Dunque, nell'appuntarvi le cose, usate **rientri**, **frecce**, **riquadri**, **elenchi puntati** e **numerati**, **diagrammi di flusso**. Non scrivete in maniera lineare ma, volendo, *disegnate* quello che l'oratore sta dicendo. Potrebbe essere molto più utile creare delle **mappe concettuali** che riproducano il dipanarsi del discorso che state ascoltando. Avete mai provato a realizzare una cosa come questa, invece di un "semplice" testo?[58]

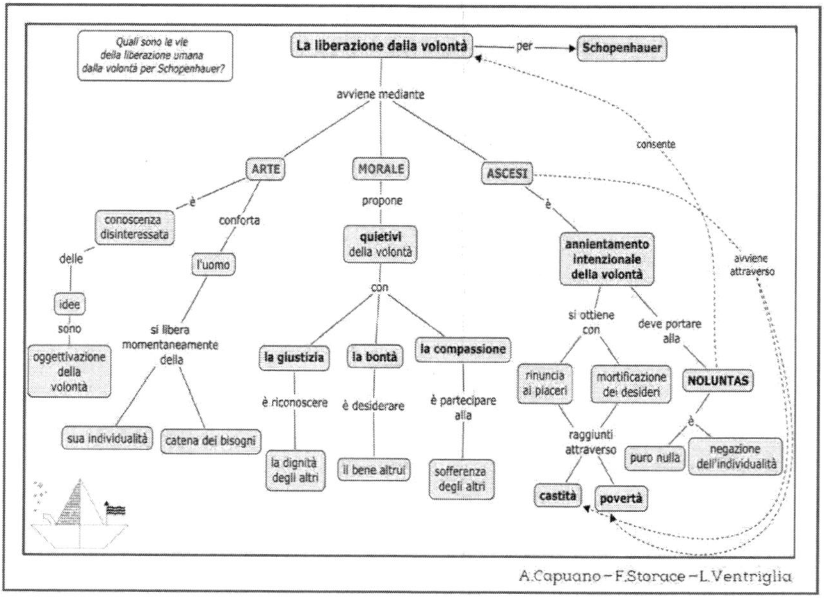

Se perdete il filo del discorso, interrompete la frase che stavate scrivendo, magari corredandola di un bel punto interrogativo – così poi la ritrovate – e cercate di continuare da dove avete "riconnesso il cervello". Vi rimarrà un buco negli appunti, che probabilmente potrete sanare a posteriori, e non annoierete tutti quelli attorno a voi chiedendo "Scusa che cosa ha detto?": ricordatevi che non siete soli in aula, ma che i vostri compagni hanno diritto di ascoltare e di non perdere il filo quanto voi. Chi parla, si muove, non segue la lezione o la conferenza in silenzio, non

58 Mappa concettuale di Francesca Storace, tratta da www.architecta.it/mapslab-uno-spazio-per-riflettere-sulle-mappe-del-pensiero-parte-1. Per saperne di più sulla realizzazione di mappe, cfr. anche l'utile blog di Roberta Buzzacchino, mappementaliblog.blogspot.it.

fa un danno solo a sé stesso, ma a tutta la collettività: non ci dovrebbe essere bisogno del richiamo del docente, dovrebbe bastare la riprovazione dei colleghi studenti per farlo desistere.

Prendere appunti: una faticaccia che però ci aiuterà poi, nello studio.

Lettura Luisa Carrada, 2013, *Il paradosso della lettura sul web*, sezione *Lingua Italiana* del sito web Treccani, www.treccani.it/lingua_italiana/speciali/chiaro_scuro/Carrada.html.

Ancora siamo troppo poco abituati al fatto che per la ricerca non sia per forza più necessaria la carta, il libro tradizionale. Spesso gli studenti hanno il dubbio che le fonti elettroniche non siano valide quanto i testi cartacei. Pur tenendo conto delle difficoltà nel valutare le fonti elettroniche in campo scientifico, difficoltà di cui abbiamo parlato nel primo capitolo di questo libro, il web rimane un mezzo validissimo per reperire materiali per uno scritto scientifico in generale o per una tesi di laurea in particolare. Si pone, allora, la questione della lettura su schermo: negli ultimi vent'anni, da quando il web è diventato un "affare pubblico", si è parlato molto delle differenze tra lettura su carta e lettura su monitor. Pur esistendo oggi molti strumenti elettronici (o, se si vuole, *device*) che superano le tradizionali differenze tra cartaceo ed elettronico (come tablet o e-book reader, che permettono di fruire del testo "orizzontalmente" e non verticalmente, in maniera più simile a un libro che non a un computer classico, o addirittura senza retroilluminazione, che è uno dei motivi per cui la lettura su monitor è considerata più stressante per la vista), in generale si calcola che la lettura "elettronica" tradizionale, su monitor, sia generalmente più lenta della lettura su carta. Ciononostante, non ci pensiamo spesso, ma una delle attività prevalenti che pratichiamo online è proprio *leggere*, anche quando stiamo pigramente navigando sui profili Facebook dei nostri amici.

Luisa Carrada, autrice dell'utilissimo sito www.mestierediscrivere.com, tratta, in questo breve scritto, della lettura in rete e di come questa funzioni; in contemporanea, questo testo contiene anche una serie di utili consigli per come strutturare i nostri appunti in modo da renderli più appetibili per una rilettura.

Un consiglio: i nomi di servizi che vi sono sconosciuti (come potrebbero essere Tumblr e Pinterest) valgono bene una piccola ricerca su Google: sono altre forme di condivisione delle informazioni in rete che potrebbero tornarvi utili in campo lavorativo.

Anche in pieno trionfo della multimedialità, il web è un luogo pieno di parole. Leggere è l'attività più importante che svolgiamo in rete, eppure sembra che tutti noi cerchiamo di leggere il meno possibile. Questo ci dicono le tante ricerche sui comportamenti di fronte a uno schermo. Dati a parte, ognuno di noi si riconosce nella lettrice o nel lettore irrequieto, che sorvola la superficie del testo alla ricerca di un segnale: un titolo promettente, una parola che catturi l'attenzione e gli dica "Fermati, qui si parla di qualcosa che ti interessa."

Nei circa vent'anni che ormai abitiamo il web – non ce ne siamo quasi accorti ma i "nuovi media" si sono fatti maggiorenni – quel che è cambiato davvero non è tanto la scrittura, quanto la lettura. Ed è da qui che possiamo ripartire per capire cosa rende un testo sul web leggibile e chiaro. Una chiarezza cui contribuiscono più elementi rispetto a quelli che siamo abituati a considerare in un testo sequenziale su carta.

Un testo plastico, come un bassorilievo

Di fronte all'abbondanza del web siamo per forza diventati lettori-esploratori. Per decidere se una pagina ci interessa e merita il nostro tempo e la nostra attenzione, la esploriamo prima velocemente con gli occhi in lungo e in largo. Non leggiamo parola per parola ma cerchiamo "segnali" che ci facciano fermare e ci diano degli indizi. Per il guru dell'usabilità Jacob Nielsen i nostri occhi sono attratti soprattutto da:

- titoli e sottotitoli
- grassetti e corsivi
- parole tra virgolette o tra parentesi
- parole particolarmente lunghe
- parole con l'iniziale maiuscola all'interno del testo

- parole in colore
- link
- parole vicine ai link
- numeri in cifre
- simboli
- voci di una lista come questa.

Una mappa visiva di solo testo, insomma, prima da guardare e poi da leggere. Un testo "plastico", proprio come un bassorilievo, in cui anche lo spazio bianco gioca la sua parte. Perché, aggiungiamo, tutte le parole che confinano con lo spazio si vedono meglio, come se ci puntassimo una luce sopra, anche senza evidenziarle con un font diverso o con il grassetto. È il caso di tutte le parole che inaugurano e chiudono un capoverso, la vera unità di misura del testo digitale.

Organizzare e scrivere il testo per la lettura esplorativa, creare un itinerario per gli occhi del lettore, è la condizione per assicurarsi la lettura più concentrata e profonda. Non di tutto, ma almeno di buona parte, perché molto raramente una pagina viene letta per intero.

Lo schermo è una finestra

Che sia la finestrina dello smartphone o quella più ampia di un personal computer, non vedremo mai il testo per intero, non riusciremo ad abbracciarlo con lo sguardo come la pagina di un libro o di un giornale, né a sfogliarlo rapidamente per avere un'idea complessiva del contenuto. Ne vedremo solo un pezzetto alla volta, staccato da tutto il resto. Se poi leggiamo su un tablet, le cose cambiano ancora: con un gesto veloce possiamo ingrandire e vedere meglio, ma perdiamo ancora di più il contesto. Per questo uno degli elementi di chiarezza di un testo digitale è la modularità: blocchetti brevi, autonomi, meglio se con un titoletto. A colpo d'occhio i titoletti costituiscono quasi un livello di lettura a sé, assecondano la lettura esplorativa e anticipano i contenuti della pagina. Letti uno per uno, si incastonano nella finestra dello schermo e ricordano il contesto.

Ogni buona regola ha le sue eccezioni

Il modello modulare con titoletti funziona benissimo per i siti giornalistici, informativi e di servizio, ma ha mille creative eccezioni. Tutti noi conosciamo siti di grande successo con testi lunghissimi. Un esempio? Il popolarissimo Brain Pickings [www.brainpickings.org], che ha fatto della content curation una vera e propria arte. La sua ideatrice, Maria Popova, scrive testi chilometrici e contraddice anche la famosa regola della "piramide rovesciata", che sui giornali e sui siti vuole la cosa più importante, la notizia, al primo posto. Lei la prende molto alla larga, ma riesce a catturarci lo stesso grazie a incipit dalla sintassi sinuosa, a un buon numero di bellissime immagini e a titoli avvincenti e misteriosi – Se William Shakespeare avesse scritto Guerre Stellari.

Il titolo è tutto!

Sì, perché è sempre la prima cosa che si vede, spesso l'unica. E qui ci confrontiamo con una differenza profonda rispetto alla carta, di cui spesso non siamo consapevoli. In un giornale, in un libro, nel verbale della riunione che esce dalla stampante, il titolo è fisicamente vicino al testo. Leggo l'uno e passo all'altro. Sul web, sempre più spesso invece il titolo è solo ad annunciare un testo che non vediamo: nello strillo in home page, nei risultati dei motori di ricerca, negli aggregatori di feed, in un tweet. A quelle poche parole sono affidati compiti immani: informare, incuriosire, far immaginare, convincere a cliccare. Esercitarsi nei titoli, curarli e non finire di limarli è l'attività più importante dell'editor digitale, il suo miglior investimento, ma anche un'imperdibile palestra per la redazione dei testi brevi.

Minimi, molteplici, modulari

Sono tanti, infatti, i testi brevi che ci conducono alla lettura di testi lunghi, qualche volta lunghissimi: titoli, sottotitoli, abstract, o strilli, parole e frasi in grassetto, didascalie. Una manualistica facilona invita a scrivere testi brevi "perché tanto sul web non si legge". Non è così, è vero piuttosto che è più difficile farsi leggere e talvolta bisogna essere più bravi e accorti che sulla carta, intrecciare sapientemente nel "tessuto" del testo molti più fili: testi lunghi, testi brevi, stili del carattere, colore, font, spazi. Fare text design, oltre che scrivere. E saper distribuire il testo in profondità, come un millefoglie, dalla ciliegina appetitosa di un titolo fino alla profondità dei link, passando attraverso l'abstract, i sottotitoli, il corpo del testo.

Creare e lucidare cristalli

A volte i testi brevi si intrecciano ai lunghi, altre devono essere autonomi, perfetti e compiuti come un cristallo, pronti a viaggiare da soli per il web. È il caso dei testi dei social media: tweet, post di Facebook, minipost di Tumblr, didascalie di Pinterest. Una volta pubblicati vivranno una seconda vita, andranno a ricombinarsi nei contesti più diversi – in una pagina di Storify o in una di Flipboard –. In molti casi non ne conosceremo il destino e comunque non potremo cancellarli o riaverli indietro. Per questo, contrariamente a quanto si potrebbe pensare, i testi brevi richiedono cura e revisione almeno quanto i testi lunghi. Dopo aver insegnato a generazioni di giornalisti americani a scrivere articoli e inchieste, il decano del Poynter Institute [www.poynter.org], Roy Peter Clark, ha dedicato il suo ultimo libro *How to write short* proprio ai testi brevi:

«Nel mondo digitale la scrittura breve è sovrana. In un mondo sempre più veloce abbiamo un gran bisogno di ottimi testi brevi – di quelli che ci fanno fermare, leggere, riflettere».

Nelle 250 pagine del libro ripercorre la lunghissima storia dei testi brevi – lunga quanto la scrittura – e ci mostra come anche nel microcosmo dei titoli e dei tweet funzionino a perfezione le strategie retoriche che conosciamo da 2.500 anni.

Niente di nuovo sotto il sole?

Verrebbe proprio di rispondere di no, se si pensa che i primi caratteri cuneiformi vennero incisi su una tavoletta di argilla dalle dimensioni molto simili a quelle dei tablet che stanno ormai soppiantando i personal computer. E qui arrivano le sorprese: il tablet è talmente flessibile che promette un ritorno alla lettura lenta, immersiva, profonda; un'esperienza molto simile a quella di un libro.

VIII

La bibliografia

Partiamo da alcune informazioni preliminari. Innanzitutto, che cos'è una bibliografia e a cosa serve? **La bibliografia è l'elenco dei testi che abbiamo usato, citandoli direttamente o indirettamente, per la stesura del nostro lavoro scientifico. Solitamente è disposta in ordine alfabetico secondo il cognome dell'autore.** Quindi non è una raccolta di titoli scelti per fare "bella figura" con il docente, o per allungare il brodo, ma per mostrare e dimostrare a chi legge il nostro testo che le nostre considerazioni si basano sulla consultazione di studi precedenti, che, insomma, siamo informati sull'argomento che stiamo trattando.

La regola principale è che **qualsiasi pensiero altrui va segnalato come non nostro**; riportare cose dette o scritte da altri e farle passare per nostre è una pratica eticamente scorretta e per di più illegale: si chiama *plagio* e potremmo venire anche denunciati. Parleremo di come si fanno le citazioni nel prossimo capitolo, al momento occupiamoci specificamente della bibliografia.

La seconda questione riguarda *quali* siano i dati bibliografici da inserire in una bibliografia. C'è un principio logico, dietro: **vanno specificate tutte le informazioni necessarie per permettere ai nostri lettori di risalire al testo che abbiamo consultato, compresa la pagina o le pagine dalle quali abbiamo tratto l'eventuale citazione** (anche questo punto verrà ripreso nel prossimo capitolo). Le informazioni da segnarsi mentre si consultano testi in vista della compilazione di una bibliografia, in generale, saranno:

- autore
- anno di pubblicazione
- titolo

- luogo di pubblicazione
- casa editrice
- (pagine che contengono le citazioni che ci interessano)

Le informazioni come il nome esatto della casa editrice, la sua ubicazione e l'anno di pubblicazione si trovano normalmente riassunti in basso a sinistra in una delle prime pagine del libro.

Schematizzato in questo modo, sembra tutto molto semplice. Il problema è un altro: i testi che incontreremo non appartengono tutti a una stessa tipologia. Possiamo dover citare "oggetti diversi", quindi prima di tutto dovremo essere in grado di riconoscere che cosa abbiamo davanti. Dividiamo sinteticamente i testi stampati in quattro categorie principali. Per ognuna di queste, forniremo un criterio di partenza per la citazione in bibliografia, ma i criteri possono variare in base a specifiche richieste di una redazione.

- **MONOGRAFIA**. Si definisce *monografia* un volume scritto da un autore o in collaborazione da più autori, ma che non contiene "pezzi" scritti da autori diversi. È il caso più semplice. Segneremo:

  Cognome e Nome dell'autore o degli autori (separati da una virgola), Anno di pubblicazione, *Titolo dell'opera*, Luogo di pubblicazione, Casa editrice.

  Esempio: Tavosanis Mirko, 2011, *L'italiano del web*, Roma, Carocci.

- **CURATELA**. Chiamiamo *curatela* un volume che contiene contenuti di più autori, collazionato e curato da una o più persone. Per esempio, potrebbe trattarsi degli atti di un convegno, o degli studi dedicati dagli allievi al loro professore per qualche compleanno importante. Se consideriamo il volume nel suo complesso, dovremo quindi indicare non i singoli autori contenuti, ma coloro che figurano sulla copertina, normalmente con la dicitura *a cura di*. In questo caso riporteremo:

Cognome e Nome del curatore o dei curatori (separati da una virgola) (a cura di), Anno di pubblicazione, *Titolo dell'opera*, Luogo di pubblicazione, Casa editrice.

Esempio: Palermo Massimo, Pieroni Silvia (a cura di), 2015, *Sul filo del testo. In equilibrio tra enunciato e enunciazione*, Pisa, Pacini.

- SAGGIO IN VOLUME MISCELLANEO. Se invece ci interessa un singolo saggio all'interno di una curatela (cfr. punto precedente), o di un volume che in generale contiene i contributi di diversi autori, lo dovremo indicare riportando i seguenti dati:

Cognome e Nome dell'autore o degli autori (separati da una virgola), Anno di pubblicazione, *Titolo del contributo*, in Cognome e nome del curatore o dei curatori, *Titolo dell'opera complessiva*, Luogo di pubblicazione, Casa editrice, pagine di inizio e fine del saggio.

Esempio (N.B.: il contributo è tratto dal volume precedentemente citato come esempio di curatela): Pistolesi Elena, 2015, *Contesti e forme della testualità digitale*, in Palermo Massimo, Pieroni Silvia (a cura di), *Sul filo del testo. In equilibrio tra enunciato e enunciazione*, Pisa, Pacini, pp. 119-135.

- ARTICOLO IN RIVISTA. Le riviste scientifiche a volte sembrano dei veri e propri libri, quindi non facciamoci ingannare dalle apparenze! Se abbiamo dei dubbi sulla natura di un volume, possiamo sempre verificarla sull'OPAC dell'SBN (in appendice a questo capitolo, alcune indicazioni su come usarlo). La differenza fondamentale è che per le riviste non si segnano il luogo di pubblicazione e la casa editrice, mentre si aggiungono informazioni sull'annata e sul numero della rivista in cui è contenuto l'articolo che citiamo. Per differenziare anche visivamente la rivista dalla miscellanea, si può scegliere di indicare i titoli delle riviste tra virgolette invece che in corsivo. Quindi:

Cognome e Nome dell'autore o degli autori (separati da una virgola), Anno di pubblicazione, *Titolo del contributo*, in «Titolo della rivista», anno, numero, pagine di inizio e di fine dell'articolo.

Esempio: Bertocchi Daniela, 1999, *L'email si scrive o si parla?*, in «Italiano & Oltre», 14, 2, pp. 70-75.

All'interno della bibliografia, quindi, avremo gli elementi ordinati alfabeticamente in base al cognome dell'autore.

- Se citiamo più opere dello stesso autore, queste andranno in ordine cronologico dalla più vecchia alla più nuova.
- Se citiamo opere dello stesso autore e dello stesso anno, converrà decidere un ordine con cui citare le varie tipologie: prima le monografie, poi le curatele, poi i saggi e poi gli articoli.
- Per distinguere opere dello stesso autore e dello stesso anno, si inseriranno le lettere *a*, *b*, *c*, *ecc.* dopo l'anno.
- Volendo, per sintesi, si potrà omettere di ripetere il nome e cognome dell'autore, e scrivere invece *id.* (che sta per *idem* 'lo stesso') o *ead.* (*eadem* 'la stessa').

Esempio:
Cortelazzo Michele A., 2000a, *Italiano d'oggi*, Padova, Esedra Editrice.
id., 2000b, *E-Lingua*, in «Italiano & Oltre», 15, 2, pp. 121-121.
id., 2002, *L'italiano che si muove*, in «Italiano & Oltre», 17, 3, pp. 94-100.
id., 2003, *Un inglese* vintage, in «Italiano & Oltre» 18, 5, pp. 268-269.

- Nell'ultimo testo dell'esempio citato sopra, notate che, nel titolo, il termine *vintage* è in tondo mentre il resto del titolo è in corsivo. Questo è dovuto al fatto che, nel titolo originale, la parola compare in corsivo. Ossia: quando citiamo, in corsivo, un titolo che originariamente è scritto in tondo e che contiene delle parole in corsivo, queste parole verranno scritte in tondo per differenziarle dal resto: si invertono, insomma, i criteri. L'importante è che si continui a cogliere la distinzione.

- Allo stesso modo, se l'elenco dei curatori fosse molto lungo, si può scegliere di citarlo in forma abbreviata nel testo: si esplicita il primo e si inserisce *et alii* (ossia 'e altri') al posto dei successivi, mettendo l'elenco dei nomi per esteso solo nella bibliografia. Chiaramente lì si indicherà la corrispondenza tra abbreviazione e lista estesa.

  Esempio:
  De Mauro *et alii* = De Mauro Tullio, Mancini Federico, Vedovelli Massimo, Voghera Miriam, 1993, *LIP. Lessico di frequenza dell'italiano parlato*, Milano, Etas Libri.

Questi, in linea di principio, sono i casi tipici che incontrerete nel corso del vostro lavoro. Sono possibili infinite variazioni, e consultando varie bibliografie verificherete che i criteri seguibili sono molti e differenti. Quello citato qui è solo uno dei metodi più semplici perché, riportando prima il cognome e nome e subito a seguire l'anno di pubblicazione, permette di usufruire dell'ordinamento alfabetico automatico del word processor. Ma ecco qualche esempio di possibile variazione.

- Il nome dell'autore o degli autori potrebbe essere indicato in tutto maiuscolo o in maiuscoletto.
- Invece che *Cognome Nome* [es. Spencer Bud], l'autore potrebbe essere indicato con:
  - *Nome Cognome* [Bud Spencer]
  - *N. Cognome* [B. Spencer]
  - *Cognome, Nome* [Spencer, Bud]
  - *Cognome N.* [Spencer B.]
- L'anno di pubblicazione potrebbe essere citato dopo il titolo (o dopo annata e numero del volume per le riviste) invece che dopo il nome dell'autore.
- L'*in* premesso al titolo del volume miscellaneo o della rivista potrebbe non esserci in uno dei due casi o in entrambi.
- Il nome della rivista potrebbe essere in corsivo, oppure tra virgolette alte; il nome del contributo potrebbe essere tra virgolette (alte o basse) invece che in corsivo.

- Invece di *a cura di* potreste trovare scritto *a c. di* o *ed.* (che sta per *editor*; *eds.* se è al plurale, *editors*).
- Invece di *p.* o *pp.* potreste trovare *pag.* e *pagg.*
- I numeri di pagina potrebbero non essere riportati per esteso ma in forma ridotta: *pp. 23-5* invece di *23-25*, *pp. 134-7* per *134-137*, *pp. 136-42* per *136-142*; non vengono, insomma, ripetute le decine o centinaia che rimangono invariate.
- Per dividere le varie informazioni, potrebbero essere inseriti dei punti invece che delle virgole.

Occorre, infine, considerare altri tre casi particolari:

1. **Le opere straniere citate nella loro lingua originale**: in questo caso, i criteri per i vari tipi di opere saranno gli stessi usati per le opere italiane. Non usa tradurre i titoli, anche se magari, quando si tratta di lingue meno conosciute, conviene farlo per chiarezza. In quel caso, inseriamo la traduzione tra parentesi quadre.

   Esempi:
   December John, 1994, *Exploring Computers and Composition: New Processes, New Identities*, in «Computer-Mediated Communication Magazine», 1, 1, p. 5.
   Veszelszki Ágnes, 2005, Írásjelek és szimbólumok az SMS-ekben [*Segni di punteggiatura e simboli negli SMS*], in «Magyar Nyelvőr», 129, 1, pp. 111-116.

2. **Le opere straniere citate in traduzione**: in questo caso, citiamo ovviamente il testo in italiano da noi consultato, dato che, ricordiamolo, vanno sempre riportate le pagine usate, ma facciamo riferimento anche all'edizione originale.

   Esempio:
   Rheingold Howard, 1994, *Comunità virtuali*, Milano, Sperling & Kupfer [trad. di *id.*, 1993, *The Virtual Community*, Reading (Massachusetts), Addison-Wesley].

3. **I testi citati dal worldwide web**: qui va sgombrato il campo da alcune convinzioni errate. Molti studenti, infatti, pensano che in qualche modo i testi elettronici non abbiano la stessa "dignità" dei testi cartacei, oppure hanno il dubbio di inserire tutto quello che citano dal web in *sitografia*. Chiariamo la questione: potremmo incontrare articoli o saggi pubblicati online invece che su carta, e questi andranno inseriti in bibliografia esattamente come dei testi cartacei, con la differenza che, ovviamente, non avranno un luogo di pubblicazione e una casa editrice (e probabilmente nemmeno i numeri di pagina), ma un collegamento, un link dove trovarli. Quindi, i dati da riportare sono i soliti: Cognome Nome, Anno, *Titolo dell'articolo*, in «Titolo testata online» (se possibile), indirizzo web. Si suggerisce, come ulteriore dato, di inserire, in fondo a questa sequenza, anche la data dell'ultimo accesso: nel frattempo, infatti, il sito web potrebbe anche essere scomparso.

Esempi:
[In questo caso, si tratta di una rivista pubblicata solo in formato elettronico, ma in PDF, per cui sono presenti anche i numeri di pagina]
Gheno Vera, 2009, *I giovani e la comunicazione mediata dal computer: osservazioni linguistiche su nuove forme di alfabetizzazione*, in «Verbum Analecta Neolatina» XI, 2009, 1, pp. 167-187, btk.ppke.hu/uploads/articles/8519/file/11-1-11.pdf (18/2/2016).

[Qui abbiamo un post pubblicato su un sito web, per cui, dopo il titolo del contributo, si è inserito il giorno della pubblicazione e direttamente il link per arrivarci]
Boone John, 2014, *The 14 Most Controversial Barbies Ever*, 24 novembre, www.etonline.com/news/154308_the_14_most_controversial_barbies_ever (18/2/2016).

La sitografia

Se i testi tratti dal web vengono in linea di massima trattati come testi cartacei e messi nella bibliografia, che cosa si mette in sitografia? Semplice, i siti web consultati *in toto*, magari a più riprese, come ad esempio un dizionario o un portale enciclopedico. Per la sitografia, poiché il nudo elenco degli indirizzi sarebbe molto scarno e poco trasparente, conviene dare un titolo ai siti e citarli in ordine alfabetico secondo il titolo, includendo, oltre all'indirizzo, una breve descrizione.

Esempio:
Il mestiere di scrivere. Sito web curato da Luisa Carrada che contiene materiali utili per la scrittura professionale. www.mestierediscrivere.com.
Il Nuovo De Mauro. Vocabolario sincronico della lingua italiana, a cura di Tullio De Mauro. dizionario.internazionale.it.
Vocabolario Treccani. Vocabolario sincronico della lingua italiana, disponibile all'interno del portale Treccani. www.treccani.it/vocabolario.

Dubbi finali

Che fare se mancano i numeri di pagina (ad esempio in una pubblicazione elettronica, in *e-book*)? Va da sé che se i numeri di pagina non ci sono, non possiamo inventarceli. Per scrupolo, potremmo da qualche parte specificare perché i numeri manchino.

Quando si hanno delle URL lunghissime, complicate e non particolarmente "parlanti", che sono difficili poi da copiare dal cartaceo (e ci rovinano, sovente, l'impaginazione) possiamo decidere di accorciarle tramite un servizio apposta: ci sono alcuni siti, come TinyURL[59] o Bit.ly[60], che fanno proprio questo: presa un'URL molto lunga, ne creano una più breve che, ovviamente, riconduce alla stessa pagina.

Esempio: la URL www.accademiadellacrusca.it/it/lingua-italiana/consulenza-linguistica/domande-risposte/si-dice-arancino-arancina diventa con TinyURL tinyurl.com/h7y6cqg e con Bit.Ly bit.ly/1oyWVY5.

Che fare se mancano altri dati, ad esempio l'autore o l'anno di pubblicazione? Al loro posto, possiamo inserire le sigle *S.A.* ('senza autore')

59 All'indirizzo tinyurl.com.
60 All'indirizzo bitly.com.

ed *S.D.* ('senza data'). Se, invece, manca il curatore in un volume miscellaneo, si scriverà, al posto del curatore, non l'elenco di tutti gli autori ma la sigla *AA.VV.*, ossia 'autori vari'.

Al di là della necessità di rispettare precisi criteri redazionali, se richiesto, ricordatevi che l'errore fondamentale di una bibliografia è contenere dati parziali: alla fine, se avete seguito un criterio sistematico e avete incluso tutte le informazioni necessarie, non ci dovrebbero essere problemi di sorta.

In maniera abbastanza sconcertante, uno dei problemi tipici delle bibliografie degli studenti è che non sono in ordine alfabetico. Esiste anche la possibilità di fare una bibliografia in ordine di consultazione, in modo da far vedere la progressione dello studio, ma solitamente si preferirà l'ordinamento alfabetico per cognome dell'autore, che favorisce la sua consultazione.

Notiamo, infine, che ogni elemento della nostra bibliografia va chiuso con il punto[61].

Appendice
Ricercare libri nell'OPAC SBN

OPAC sta per *online public-access catalogue*, 'catalogo online ad accesso pubblico'. Gli OPAC sono cataloghi elettronici di una o più biblioteche, che ci permettono, tramite il web, di accertarci dell'esistenza di un libro presso una certa biblioteca, ma anche di verificare i dati bibliografici in nostro possesso.

L'OPAC più rilevante in Italia è quello dell'SBN, Servizio Bibliotecario Nazionale, opac.sbn.it. Poiché dell'SBN fanno parte anche le biblioteche nazionali, quelle biblioteche che da statuto dovrebbero possedere una copia di tutto quanto viene pubblicato nel nostro paese, è il posto ideale per verificare l'esistenza di un certo libro o di una particolare edizione.

All'indirizzo specificato sopra si trova la ricerca più generica: un'unica finestra che permette di cercare indifferentemente nei campi Autore e Titolo; si

61 Per una panoramica più completa sulla bibliografia, si consiglia di consultare il par. 4.1.4.4. *La bibliografia* (pp. 69-75) di Paola Italia, 2006, *Scrivere all'università. Manuale pratico con esercizi e antologia di testi*, Firenze, Le Monnier.

consiglia di andare alla Ricerca Base, opac.sbn.it/opacsbn/opac/iccu/base.jsp, che permette di separare le informazioni in Autore e Titolo: i nostri risultati saranno più precisi.

I criteri di ricerca sono simili a quelli di Google: il sistema non è *case sensitive*, quindi non occorre digitare le maiuscole; non riconosce i segni diacritici, quindi basta digitare le lettere semplici; ha una lista di *stop words*, generalmente le parole semanticamente vuote, le stesse che non serve digitare sui motori di ricerca (articoli, pronomi, preposizioni, congiunzioni): in sostanza, per cercare *Le opinioni di un clown* di Heinrich Böll basterà digitare "boll" in Autore e "opinioni clown" in Titolo.

Otterremo una SERP, esattamente come con Google, dove saranno elencati vari testi che corrisponderanno ai nostri criteri di ricerca.

Cliccando sul testo scelto, si aprirà la sua scheda catalografica, la quale conterrà vari dati interessanti; quelli che dal punto di vista della realizzazione della bibliografia ci interesseranno di più sono i dati dell'edizione (anno e luogo di pubblicazione, casa editrice). In fondo alla scheda, eventualmente, è possibile vedere l'elenco delle biblioteche che fanno parte del circuito SBN e che possiedono il volume in questione.

Scheda: 1/56 ‣ Scheda Unimarc ‣ Scarico Unimarc ‣ Scheda Marc21 ‣ Scarico Marc21 ‣ Export Endnote ‣ Export Refworks ‣ Citazioni ☆Aggiungi a preferiti

Livello bibliografico	Monografia
Tipo documento	Testo a stampa
Autore principale	Böll, Heinrich
Titolo	**Opinioni di un clown / Heinrich Boll**
Pubblicazione	Milano : Mondadori, 1987
Descrizione fisica	300 p. ; 19 cm
Collezione	· Oscar guide
Nomi	· [Autore] Böll, Heinrich ‣ scheda di autorità
Lingua di pubblicazione	ITALIANO
Paese di pubblicazione	ITALIA
Codice identificativo	IT\ICCU\RLZ\0013826

Dove si trova

LT0031 RMSE8 Biblioteca comunale - Priverno - LT

Tramite l'OPAC SBN, insomma, possiamo verificare se i dati bibliografici in nostro possesso sono corretti, oppure integrare eventuali dati mancanti.

LETTURA[62] Mario Rigoni Stern, 2009 [1999], *Inverni lontani*, Torino, Einaudi, pp. 26-27.

Un brano di un tempo e di un luogo non troppo lontani da noi, ma nel quale i libri avevano un valore infinitamente maggiore a ora.

Due o tre ore ogni sera le passavo a riordinare la biblioteca degli ex combattenti, che aveva un migliaio di volumi. Per intiepidire la stanza mi portavo da casa un po' di legna e accendevo il fuoco nella stufa di cotto. C'erano molti volumi che riguardavano la Prima Guerra Mondiale, ma pure romanzi della «Medusa», gialli, rosa, tutto D'Annunzio, Oriani, Papini, e anche uno scaffale di libri naturalistici e scientifici lasciati per testamento da un vecchio ingegnere, e l'Enciclopedia Utet. I romanzi di cappa e spada e dell'Ottocento francese erano i più richiesti dai lettori e dalle lettrici che venivano dal contado, e quando li riportavano sapevano di stalla. Si sa, allora non c'era la televisione, pochi avevano la radio e la gente leggeva di più. Alla domenica mattina, dopo la messa, venivano in biblioteca anche dalle contrade lontane. Pagando venti lire potevano avere in prestito un libro per quindici giorni. Gli ex combattenti avevano lo sconto e pagavano la metà. Insomma, che cosa importava se quando li restituivano avevano odore di vacca e di letame e se erano un po' sciupati? Intanto venivano letti nelle lunghe sere invernali, magari a voce alta, alla tenue luce delle cucine o nelle stalle mentre si aspettava il parto delle vacche.

Quelle venti lire per libro così raccolte e giornalmente registrate servivano per pagare un modesto canone alla vedova che ci affittava la stanza al piano terreno e il cui marito era morto prigioniero in Africa. Riuscivo persino a far rilegare ogni mese una decina di libri da Costantino, un falegname reduce anche lui dalle patrie guerre, che alla domenica e alla sera faceva bene

62 Ringrazio Francesca Ciaranfi per avermi indicato questo brano tra i moltissimi che lei, in qualità di bibliotecaria appassionata alla lettura, conosce sull'argomento "biblioteche". Una preziosa raccolta di brani a tema è pubblicata da Francesca sul suo blog, "Di biblioteche trovate in giro", bibliolibrando.blogspot.it.

il rilegatore. E riuscivo addirittura a comprare qualche libro nuovo di narratori e poeti, o qualche saggio di storia che istintivamente sceglievo dai cataloghi delle case editrici.

Fu così che i miei giovani compaesani poterono leggere Kafka, Faulkner, Babel', Hemingway, Garcìa Lorca, Eliot, i poeti russi, Carlo Levi, Pavese, Vittorini, Gramsci... Queste mie scelte arbitrarie provocarono in paese una certa reazione da parte dei benpensanti che vedevano nella piccola biblioteca un luogo di riunioni sovversive. Ma che belle discussioni in quelle sere invernali! Quanto entusiasmo nei nostri discorsi animati da letture che ci avevano fatto scoprire un mondo che fino ad allora ci era stato tenuto nascosto.

LETTURA Dialogo tra Michele Apicella e la reporter in *Palombella rossa* (1989, regia di Nanni Moretti).

Michele è infastidito dai *plastismi* della reporter, fino al punto di schiaffeggiarla. Senza arrivare alle mani, ognuno di noi può tenere alta l'indignazione di fronte a usi linguistici che non si reputano "giusti".

Reporter: Io non lo so, però senz'altro lei ha alle spalle un matrimonio... è a pezzi...
Michele: Che dice???
Reporter: Forse ho toccato un argomento che non...
Michele: No... no... è l'espressione. Non è l'argomento, non è l'argomento, non è l'argomento... è l'espressione. Matrimonio a pezzi! Ma come parla...!?!?!
Reporter: Preferisce "rapporto in crisi"? Però è così kitsch...
Michele: Kitsch! Dove le andate a prendere queste espressioni, dove le andate a prendere queste espr...??!??!(toccandosi il cuore)
Reporter: Io non sono alle prime armi...
Michele: Alle prime armi... ma come parla?!
Reporter: ...anche se il mio ambiente è molto "cheap"...
Michele: Il suo ambiente è molto...?
Reporter: È molto "cheap"

Michele: Ma come parla? [schiaffo sonoro]
Reporter: Senta, ma lei è fuori di testa!
Michele: E due. Come parla! Come parla! Le parole sono importanti. Come parlaaaaaaaaaa!

IX

La stesura del testo: dallo schema alla scrittura

Dopo una lunga serie di studi preparatori, arriviamo alla scrittura vera e propria. Innanzitutto, ricordiamo le parole di Italo Calvino nella prima lettura affrontata in questo libro, nel capitolo 1. È necessario avere «un disegno dell'opera ben definito e ben calcolato»: solo da un'idea di testo chiara e precisa può originare un testo chiaro e preciso. In altre parole, anche se fossimo bravi a scrivere, con un testo scientifico non possiamo più comportarci come forse facevamo con i temi a scuola: non possiamo partire a scrivere "direttamente in bella", ma dobbiamo, prima di tutto, organizzare il nostro pensiero, definire con attenzione quello che vogliamo dire.

9.1 La preparazione

Il terrore del foglio bianco può capitare a chiunque, soprattutto davanti a un lavoro lungo come una tesi di laurea, dopo anni in cui, al massimo, abbiamo scritto testi brevi. Ma niente paura, basta lavorare per gradi. Ecco un possibile schema per procedere:

1. Definire il tema generico: "Voglio analizzare la lingua del web".
2. Definire il tema ristretto: "Voglio analizzare la lingua delle conversazioni tra i giocatori di Poker online".
3. Iniziare a raccogliere le informazioni che abbiamo sull'argomento, integrando le nostre conoscenze con letture (basta individuare un primo testo, anche suggerito dal docente, e poi consultarne la bibliografia, per trovare altri scritti collegati al

primo) e scrivendole magari su foglietti volanti, tipo post-it, da attaccare, almeno in una prima fase, alla rinfusa.

4. Consultare i foglietti che abbiamo scritto e tentare di definire un ordine logico da seguire per esporre le idee. Possono essere molto utili anche le *mappe mentali*: possiamo inizialmente organizzare il pensiero in maniera reticolare, come mostrato nel cap. 7. Da questa impostazione radiale occorre poi riuscire a estrarre uno schema più ordinato che ci permetta di strutturare in maniera logica un testo argomentativo.
5. Compilare uno schema che mostri il dipanarsi del pensiero e anche una possibile divisione di massima in capitoli. Questo schema va poi, per quanto possibile, seguito. Qualora scoprissimo argomenti da inserire *imprescindibilmente* in scaletta, pensiamoci bene ma, soprattutto, conteniamo la nostra voglia di includere nel nostro testo l'intero scibile umano. Non è questo lo scopo di un elaborato scientifico, e difficilmente riusciremo a inserire in un nostro scritto tutto quello che c'è da sapere su un certo argomento. Dobbiamo fare una cernita intelligente!

9.2 La stesura del testo: lo stile

Se i lavori preparatori sono stati svolti con attenzione e precisione, la stesura del testo diventa, di fatto, il riempimento dello schema precedentemente preparato. Abbiamo molte volte citato il *testo argomentativo* per indicare il genere di testi che creiamo in ambito scientifico. Questa definizione si rifà alla *classificazione di Werlich* (1982), che suddivide i testi in cinque tipologie: *testi descrittivi*, *narrativi*, *espositivi*, *argomentativi* e *prescrittivi*[63]. Non possiamo soffermarci su ognuno di questi; ma i testi argomentativi, in particolare,

63 Per la classificazione di Werlich rimando alla lezione 5, *Tipi di testo e finalità comunicative*, di Massimo Prada, 2004, *Laboratorio di scrittura*, Milano, LED, pp. 103-141.

sono la realizzazione di un macroatto linguistico che si propone come fine la persuasione del destinatario circa la validità di una tesi attraverso la selezione, la disposizione e la formulazione di specifici argomenti o prove. Essi sono correlati alla capacità cognitiva di selezionare/giudicare gli argomenti più pertinenti allo scopo, istituendo relazioni tra tali concetti e accostandoli gli uni agli altri per similarità o per contrasti[64].

Va da sé che in realtà è difficile che i testi siano omogenei e appartengano strettamente a una sola categoria: più probabilmente, un testo scientifico conterrà parti argomentative ma anche parti descrittive ed espositive, o, in alcuni casi, persino narrative. Quindi, invece della classificazione di Werlich, viene spesso preferito un altro modo di tipizzare i testi, sentito come più elastico e corrispondente alla realtà. Francesco Sabatini[65] pone i testi lungo un *continuum* (un insieme ordinato, con due polarità estreme, che non ha stacchi netti tra una varietà e l'altra), dall'estremo dei *testi poco vincolanti* passando per i *testi mediamente vincolanti* ai *testi molto vincolanti*. I **testi scientifici** rientrano tra i **testi vincolanti** perché richiedono grande precisione semantica e controllo sulla veridicità dei contenuti. Per esempio, se sto parlando del *morfema flessivo*, non posso parafrasarlo come *pezzettino di parola che serve per flettere la parola o il verbo*, a meno che non debba spiegare il concetto a dei bambini!

A livello stilistico, inoltre, si dovrebbero preferire una prosa asciutta, un lessico scelto oculatamente e pochissime concessioni "letterarie": no a preziosismi stilistici, no a sconfinamenti nello stile brillante, no, per quanto possibile, a barocchismi. Il testo scientifico non deve intrattenere, ma dimostrare la correttezza di una tesi, avallandola con rimandi ad altri testi. Spesso molti studenti pensano di migliorare il tono complessivo tramite l'inserzione di strutture frasali o modi di dire tipici di altri tipi di testo. Ad esempio, conviene assolutamente evitare la sintassi franta o lo stile nominale, proprio del giornalismo o di certa prosa bril-

64 Letizia Lala, 2011, *Testo (tipi di)*, in *Enciclopedia dell'Italiano Treccani*, www.treccani.it/enciclopedia/tipi-di-testo_(Enciclopedia_dell'Italiano).
65 Francesco Sabatini, 1990, *La comunicazione e gli usi della lingua. Pratica dei testi, analisi logica, storia della lingua*, Scuole secondarie superiori, Torino, Loescher.

lante, compresi i blog. D'altro canto, è bene non superare un certo limite di lunghezza della frase: la prosa ampollosa, con tante subordinate annidate, è difficile da seguire e solitamente è la cartina di tornasole di un pensiero sotteso altrettanto poco chiaro. Asciugare, quindi; evitare frasi senza verbo, spezzare in due le frasi molto lunghe, non ricercare la *variatio* a ogni costo. Come già detto altrove, il modo migliore per imparare lo stile corretto di un testo scientifico è leggerne molti, con attenzione: in questo modo, quando dovrete passare da lettori a creatori del testo, non avrete grossi problemi a emularli.

9.3 L'organizzazione spaziale del testo

La chiarezza di pensiero di cui parlava Calvino si realizza anche attraverso l'organizzazione spaziale del testo. Un testo scientifico non avrà nemmeno l'aspetto di un testo narrativo, ma il procedere del ragionamento argomentativo potrà venire reso più evidente tramite una sapiente gestione di pieni e vuoti. È noto a tutti che nessuno ha piacere a leggere i muri di testo, né online né offline. Meglio, quindi, evitarli. Allo stesso modo, non è particolarmente gradevole leggere un testo troppo "spezzettato": darà un'impressione sincopata, quasi come se si stesse leggendo un telegramma. Uno dei classici errori del principiante è andare a capo dopo ogni punto, ottenendo proprio questo spiacevole effetto.

Ricordando che il periodo stesso, cioè la frase da punto a punto, non deve superare una lunghezza media, onde evitare la dispersione dell'attenzione del lettore, teniamo presente che esiste un'articolazione intermedia tra il periodo e il capoverso (o *paragrafo*, come lo chiamano i programmi di videoscrittura). In un paragrafo, infatti, troveremo un grappolo, o *cluster*, di frasi, collegate logicamente dal fatto di riguardare lo stesso tema. Quando il nostro ragionamento procede, e il tema della nostra frase cambia, si andrà a capo. È evidente che non tutti i capoversi avranno la stessa estensione, come del resto non tutti gli spezzoni del nostro ragionamento saranno di uguale lunghezza[66].

---

66 Cfr. anche la definizione di *paragrafo* nell'Enciclopedia Treccani: www.treccani.it/enciclopedia/paragrafo_(La_grammatica_italiana).

Per quanto riguarda l'aspetto prettamente "fisico", e senza addentrarci nelle questioni puramente stilistiche, come scelta del carattere, spaziatura, ecc., si può dire che ci sono differenze che dipendono dal mezzo con il quale verrà condiviso il testo: carta o web. Ecco un breve schema riepilogativo.

Carta

- Solitamente si sceglie un carattere con le *grazie*[67], come il classico Times New Roman. Non è sul font che conviene fare gli originali.
- Le dimensioni normali di un testo a stampa sono 12 punti, 10 per le note e le citazioni fuori testo (che vedremo tra breve).
- Il testo verrà *giustificato*, ossia il margine destro del testo sarà diritto come il margine sinistro (avete presente come sono formattati i libri?)
- Ogni capoverso o paragrafo inizierà con un rientro, il cosiddetto *rientro di prima riga*: normalmente sarà di un centimetro o simili. Al contempo, non ci saranno righe vuote tra un paragrafo e l'altro. Esempio:

> Alcuni considerano quindi i fenomeni presentati come segnali della "rovina" dell'italiano, della sua incipiente morte, soprattutto per mano dell'inglese. D'altro canto, molti ritengono che siano segno di una grande vitalità della nostra lingua, un interessante esperimento comunicativo e, infine, un mezzo che soprattutto i giovani usano per scrivere in una società in cui la scrittura sembrava negletta.
>
> In fondo, occorre sempre ricordare che se la CMC non è altro che uno dei registri a disposizione del singolo, rappresenta sicuramente un arricchimento del suo idioletto. Certo, spesso tra i giovani il problema è rappresentato dall'apparente difficoltà di staccarsi da un registro medio-basso, che diventa una specie di modalità comunicativa *passe-partout*[68].

67 Come possiamo verificare nel Nuovo De Mauro, *grazia* è un termine del lessico specialistico della tipografia, usato solitamente al plurale, che indica il «sottile tratto ornamentale che sporge dalle aste» in alcuni caratteri di stampa.

68 Vera Gheno, 2011, *L'italiano «inviato»: SMS e comunicazione mediata dal computer*,

Web

- Di solito per il web si preferisce un carattere senza grazie, come l'Arial, che a schermo garantisce una maggiore leggibilità.
- Le dimensioni normali di un testo sul web sono 10 punti per l'Arial.
- Il testo non verrà giustificato, ma verrà lasciato con il margine destro libero: ogni riga avrà lunghezza diversa. Questo si chiama *testo a bandiera* ed è un aiuto per non perdere il filo quando si legge un testo a monitor (oltre a garantire una maggiore accessibilità del testo).
- Per come funziona il testo sul web, non è prassi fare i rientri di prima riga del paragrafo. In suo luogo, per separare chiaramente i capoversi l'uno dall'altro, è invalsa l'abitudine di inserire una riga bianca per separarli: questa si chiama *scrittura a blocchi inglesi*. Esempio:

> *Lo Jedi* per *il Jedi*
>
> Gianluca G. e molti altri utenti ci hanno contattato soprattutto tramite Facebook e Twitter per segnalarci le loro perplessità riguardo al titolo italiano, peraltro non modificato neanche nelle recenti riedizioni, dell'Episodio VI della saga di Guerre Stellari, "Il ritorno dello Jedi" (1983). Perché, si chiedono in molti, *lo* e non *il Jedi*, come *il jolly*, *il jingle*, *il jack*?
>
> Effettivamente, è una domanda interessante. È molto probabile che nella scelta dell'articolo *lo* la grafia – e un "aggancio" mentale al valore semiconsonantico della j – abbiano prevalso sulla pronuncia reale. Che *Jedi* (in inglese /ʤɛdai/), in Italiano sia pronunciato /ʤɛdi/, con la *g* di *gioco*, è una certezza: non si è mai diffusa la pronuncia /jɛdi/ o, magari, /ʒɛdi/; ciononostante, sembra che l'articolo sia stato scelto proprio considerando la *j* come semiconsonante: *lo Jedi*, dunque, come *lo yeti*, *lo iato* o *la Juventus*.
> Ormai il titolo è entrato in questa forma nella storia del cinema: una scelta considerabile "d'autore", seppure anomala, ma che si è comunque affermata tra gli appassionati della

in Nicoletta Maraschio, Fabio Caon (a cura di), *Le radici e le ali. L'italiano e il suo insegnamento a 150 anni dall'unità d'Italia*, Torino, UTET, pp. 231-242 (cit. pp. 239-240).

> serie. Nei film della trilogia originale, peraltro, si può rilevare un uso oscillante dell'articolo, con la scelta che non sempre rimane congrua a quella del titolo. Nell'episodio VII della saga, *Il risveglio della forza*, uscito da pochi giorni al cinema, il doppiaggio ha invece optato univocamente per *il Jedi/i Jedi*, sconfessando, di fatto, la scelta del 1983. Google restituisce al momento 9.840 occorrenze per *lo Jedi* e 10.300 per *il Jedi*. Nonostante la pressione esercitata dal titolo del film della trilogia originaria, dunque, nell'uso prevale, anche se per poco, l'articolo che un italiano sceglierebbe istintivamente per una parola iniziante per /ʤ/ (come gelo, giallo, giusto).[69]

Si sconsiglia, se non esplicitamente richiesto, di sillabare il testo: la giustificazione, in altre parole, verrà fatta dal word processor gestendo gli spazi tra le parole (ecco perché righe diverse potranno avere spazi di dimensioni diverse) e non spezzando queste ultime. Il problema della sillabazione è che potrebbe risultare sbagliata per nomi e sostantivi stranieri (o in generale sconosciuti al computer), costringendo l'estensore del testo a un ulteriore, faticoso controllo per verificare che non ci siano errori.

Non tutte le persone sono ugualmente preparate nell'uso del word processor; tuttavia, questa competenza inizia a essere davvero imprescindibile per lo svolgimento di qualsiasi attività lavorativa. Facciamo un accenno solo ad alcuni dei tipici errori fatti dai principianti:

- I rientri di prima riga non vanno fatti usando in maniera ricorsiva il tasto SPAZIO: in generale, per ogni tipo di spaziatura particolare esiste un comando apposito, come ad esempio il tasto TAB (che sta per 'tabulazione'). Per il rientro di prima riga, la soluzione migliore è comunque impostarlo dal pannello PARAGRAFO; quando in un

69 Vera Gheno, 2016, *Alcune "anomalie" nella scelta dell'articolo*, sezione di Consulenza Linguistica, sito web dell'Accademia della Crusca, www.accademiadellacrusca.it/it/lingua-italiana/consulenza-linguistica/domande-risposte/alcune-anomalie-scelta-dellarticolo.

testo scritto al computer si vedono mitragliate di spazi, vuol dire che l'estensore usa il computer all'incirca come una macchina da scrivere...

- Allo stesso modo, non si ottengono con il tasto SPAZIO particolari allineamenti del testo, come la centratura. Per centrare un titolo, si userà il tasto apposito (nel pannello PARAGRAFO).
- Se si vuole interrompere il testo su una pagina e fare iniziare il pezzo dopo sulla pagina successiva, non si dovrà usare ricorsivamente il tasto ENTER o INVIO. Esiste, anche stavolta, un comando apposta, che è INTERRUZIONE DI PAGINA. Su alcuni word processor lo trovate in INSERISCI > INTERRUZIONE; su altri è in altre posizioni, ma comunque sempre facile da trovare. Non si tratta solo di una questione estetica, ma anche pratica: se cambiate le dimensioni del testo, la sezione che si intendeva fare iniziare a pagina nuova potrebbe spostarsi e ritrovarsi per esempio in fondo alla pagina precedente, preceduta da un buco bianco di mezza pagina. Con il comando INTERRUZIONE DI PAGINA invece si ha la garanzia che il testo a pagina nuova rimanga ancorato in quella posizione.

9.4 Le citazioni, le note e i rimandi bibliografici

Ogni testo scientifico sarà riccamente corredato di citazioni. Abbiamo già ricordato in precedenza come sia assolutamente necessario e obbligatorio citare tutte le fonti a cui facciamo riferimento, non facendo passare per nostri pensieri e parole altrui, nemmeno quando li abbiamo rielaborati e li esponiamo con parole nostre: abbiamo fatto una *parafrasi*, ma il pensiero non è comunque originale. Ognuna delle citazioni quindi sarà corredata di una nota che specifica il *luogo* da cui abbiamo tratto le nostre informazioni, come si vede negli esempi successivi.

La citazione letterale

La citazione può essere **letterale** (non *letteraria*, quella è un'altra cosa!), ovvero si riportano le esatte parole di qualcuno, senza nessuna modifica, tra virgolette. Esempio:

De Mauro afferma: «Continuo a sperare che l'interesse di accedere alla rete, a tutto ciò che la rete offre di buono o meno buono, spinga nella direzione del riabituarsi, dell'abituarsi a leggere molto»[70].

Se la citazione letterale supera le due o tre righe, non va più messa tra virgolette ma *fuori testo*: questo significa isolarla con una riga bianca prima e dopo e digitarla in un carattere più piccolo (se il testo è in Times New Roman 12, la citazione fuori testo sarà in Times 10). Esempio:

Di avviso completamente opposto è Roberto Cotroneo con la sua recensione *Perché la Grande Bellezza è un capolavoro*. In particolare, in uno dei passaggi più rilevanti, Cotroneo scrive:

> Dopo pochi minuti de La Grande Bellezza avevo capito che mi trovavo di fronte a un film magnifico, scritto per uno spettatore colto, sofisticato, capace di entrare fino in fondo dentro un sogno che scardina tutti i luoghi comuni e le banalità che certo cinema e certo mondo intellettuale propinano da trent'anni. Solo che Sorrentino nella sua fortuna è sfortunato. In Italia non c'è più una classe culturale e giornalistica, un'intellighentia che possa capire un film del genere e apprezzarlo. Esiste solo fuori d'Italia. E infatti lo hanno premiato gli americani, ma non perché hanno visto una certa immagine dell'Italia. Questo film non è sull'Italia, ma è un film sulla religione e sulla morte, sul sesso, sul potere, sulla dissoluzione della storia.

Secondo Cotroneo, quindi, il problema non sarebbe il film, quanto una certa debolezza culturale, e una conseguente incapacità di comprensione, del pubblico italiano, non all'altezza di cogliere le finezze dell'opera.[71]

---

70 Redazione Il Libraio, 2015, *Tullio De Mauro: "Internet può aiutare la lingua italiana"*, in «Il Libraio», 10 settembre, www.illibraio.it/tullio-de-mauro-internet-aiutare-lingua-italiana-250572.

71 Vera Gheno, 2015, *La grande incertezza. Alcune considerazioni a margine della "Grande Bellezza"*, in Marco Gargiulo (a cura di), *Lingue e linguaggi del cinema in Italia*, Roma, Aracne, pp. 133-148 (cit. p. 135).

Una citazione letterale prevede che si riportino integralmente le parole dell'autore. Se decidiamo di espungere un pezzo di testo, perché non ci è funzionale, lo segnaleremo con *[...]*; se invece il testo citato contenesse un errore, o una peculiarità ortografica (magari perché il testo è antico, come nell'esempio successivo) non dobbiamo correggerlo, ma lo faremo seguire da un *[sic]*.

Nel primo sono registrate due accezioni: una fondamentalmente sinonimo di *attrattiva*, esemplificata da una citazione tratta dall'opera *La vita di Benvenuto Cellini scritta da lui medesimo* (595, Firenze, Le Monnier, 1852) e chiosata dagli autori stessi come «Non com., nè **[sic]** forse necessario nel fig., ove basta d'ordinario *Attrattiva*», una invece ricondotta al *linguaggio scientifico*: «La maggiore *o* minore attrattività dei corpi*; per risparmiare tre vocaboli:* Forza d'attrazione».[72]

Attenzione a non usare insieme il corsivo e le virgolette, o il corsivo per la citazione fuori testo: usare sia un sistema che l'altro per evidenziare il testo citato sarebbe un'inutile ridondanza.

La citazione indiretta

Quando si riformula il pensiero altrui, si parla di **citazione indiretta.** Questo significa che non ci saranno virgolette o blocchi di testo formattati a parte, ma dovremo comunque citare, sempre, la fonte. Esempio:

Secondo Francesco Sabatini, il termine "configlio" è un ottimo sostituto per la parola inglese "stepchild"[73].

72 Vera Gheno, 2012, *L'attrattiva di* attrattività, sezione di Consulenza Linguistica, sito web dell'Accademia della Crusca, www.accademiadellacrusca.it/it/lingua-italiana/consulenza-linguistica/domande-risposte/l-attrattiva-attrattivit.

73 Cfr. ADNKronos, 2016, *"Usate configlio", Accademia della Crusca boccia stepchild adoption*, 15 febbraio, www.adnkronos.com/fatti/cronaca/2016/02/15/usate-configlio-accademia-della-crusca-boccia-stepchild-adoption_rbDE0ctELXR5lrTR8ByNQK.html.

Anche quando citiamo dei dati, delle informazioni quantitative, per esempio delle statistiche, dobbiamo riportare la fonte dalla quale abbiamo tratto questa informazione. Esempio:

Google è il primo sito web per traffico di tutta Internet[74].

9.5 Le informazioni bibliografiche

Per inserire le informazioni bibliografiche, che vanno immediatamente dopo la citazione diretta o indiretta, useremo solitamente le note (come è stato fatto in tutti gli esempi precedenti) o le parentesi, nel caso in cui i criteri redazionali che dobbiamo seguire ce lo richiedano (ad esempio, se dobbiamo consegnare un pezzo per un quotidiano, che non prevede l'uso dell'apparato delle note).

Fondamentalmente, le informazioni bibliografiche possono essere inserite in due modi diversi:

- quello **breve** o **sintetico**, che prevede di citare autore, anno di pubblicazione e pagina da cui stiamo citando. Esempio:

Gheno 2015, p. 276 oppure, per più pagine **Gheno 2015, pp. 276-281**

Gheno 2015: 276 oppure, per più pagine **Gheno 2015: 276-281**

Le informazioni bibliografiche per esteso verranno fornite in bibliografia; per completezza è possibile anteporre all'entrata bibliografica la forma breve usata nel testo. Esempio:

Gheno 2015 = Gheno Vera, 2015, *Fenomenologia di un fake: riflessioni sull'uso del dialetto napoletano per dare vita, in rete, a un personaggio di fantasia*, in Marcato Gianna (a cura di), *"Dialetto parlato scritto trasmesso", Atti del convegno di Sappada/Plodn, 2-5 luglio 2014*, Padova, CLEUP, pp. 275-283.

---

74 Cfr. internet-map.net.

- quello **lungo** o **analitico**, che prevede di citare direttamente un riferimento bibliografico più lungo. Esempio:

Gheno Vera, 2015, *Fenomenologia di un fake: riflessioni sull'uso del dialetto napoletano per dare vita, in rete, a un personaggio di fantasia, cit.*, p. 276.

Va da sé che il testo in bibliografia sarà citato nella sua interezza.

E le note?

Ci sono note anche in questo libro. Le avevate notate? Purtroppo, accade spesso che gli studenti non guardino le note, considerandole poco importanti. E invece, a parte contenere le indicazioni bibliografiche, le note sono un importante testo di accompagnamento. Ci potete inserire tutto quello che potrebbe avere senso per completare il vostro discorso, ma che sarebbe troppo dispersivo inserire direttamente nel corpo del testo. Ecco che le note servono come approfondimento, come testo di supporto. Ci sono casi in cui le note sono proprio imprescindibili, come nelle edizioni critiche, dato che ci troverete tutta l'esegesi (ovvero la spiegazione) del testo. Insomma, all'università non si possono saltare le note, e non si può scrivere un testo scientifico che non ne contenga.

E un'ultima cosa: i word processor permettono di includere le note automaticamente, mediante l'apposito comando (per es. INSERISCI NOTA); la numerazione sarà anch'essa automatica, e se aggiungete o togliete una nota dal testo, tutta la numerazione verrà aggiornata automaticamente; insomma non digitate quindi gli indici di nota a mano, mai!

Per quanto riguarda il posizionamento dell'indice di nota, si consiglia:

- se riguarda una parola, o nel caso di citazioni indirette, di metterlo attaccato alla parola o all'ultima parola del testo citato indirettamente, prima dei segni di punteggiatura seguenti

✓ così[2],	non	*così,[2]

- se riferito a tutta una citazione tra virgolette, di metterlo subito dopo le virgolette di fine citazione, di nuovo, anche prima di ulteriori segni di punteggiatura

✓ così»[2]	non	* così»,[2]	e	non	*così[2]»,

- se riferito a una citazione posta fuori testo, metterlo dopo l'eventuale segno di punteggiatura a fine citazione

✓ così.[2]	e	non	così[2].

9.6 Questione di bon ton: la dedica

Fa piacere ricordare le persone a cui si vuole bene, magari ringraziando chi ci ha permesso di arrivare al punto in cui siamo (che sia una tesi, una pubblicazione, un intervento a un convegno). Però *est modus in rebus*: riempire una pagina di ringraziamenti, dalla prima maestra d'asilo al gatto di casa, passando per fidanzati, familiari, fratelli e sorelle è forse un po' esagerato. Quindi: niente vieta di inserire due righe, ma evitiamo di dilungarci troppo. E soprattutto: il galateo scientifico, se così vogliamo chiamarlo, sconsiglia di ringraziare il proprio relatore e correlatore, in sede di tesi: per quanto possiamo essere loro grati, un ringraziamento *prima* della discussione è considerato di cattivo gusto. Una mail a posteriori in cui, eventualmente, esprimete la vostra gratitudine, sarà invece sempre graditissima.

In ogni caso, la dedica è meglio metterla in fondo, in modo che sia un po' più nascosta.

Lettura Raymond Queneau, 2001, *Esercizi di stile*, Torino, Einaudi, traduzione e introduzione di Umberto Eco di 1947, *Exercices de style*, Paris, Gallimard.

In quest'opera Queneau riscrive un breve, insignificante avvenimento variando lo stile di scrittura di volta in volta. Leggiamo alcuni esempi per mostrare come contenuto e contenitore siano ugualmente importanti.

Notazioni (p. 3)

Sulla S, in un'ora di traffico. Un tipo di circa ventisei anni, cappello floscio con una cordicella al posto del nastro, collo troppo lungo, come se glielo avessero tirato. La gente scende. Il tizio in questione si arrabbia con un vicino. Gli rimprovera di spingerlo ogni volta che passa qualcuno. Tono lamentoso, con pretese di cattiveria. Non appena vede un posto libero, vi si butta. Due ore piú tardi lo incontro alla Cour de Rome, davanti alla Gare Saint-Lazare. È con un amico che gli dice: «Dovresti far mettere un bottone in piú al soprabito». Gli fa vedere dove (alla sciancratura) e perché.

Metaforicamente (p. 9)

Nel cuore del giorno, gettato in un mucchio di sardine passeggere d'un coleottero dalla grossa corazza biancastra, un pollastro dal gran collo spiumato, di colpo arringò la piú placida di quelle, e il suo linguaggio si librò nell'aria, umido di protesta. Poi, attirato da un vuoto, il volatile vi si precipitò. In un triste deserto urbano lo rividi il giorno stesso, che si faceva smoccicar l'arroganza da un qualunque bottone.

Retrogrado (p. 11)

Dovresti aggiungere un bottone al soprabito, gli disse l'amico. L'incontrai in mezzo alla Cour de Rome, dopo averlo lasciato mentre si precipitava avidamente su di un posto a sedere. Aveva appena finito di protestare per la spinta di un altro viaggiatore che, secondo lui, lo urtava ogni qualvolta scendeva qualcuno. Questo scarnificato giovanotto era latore di un cappello ridicolo. Avveniva sulla piattaforma di un S sovraffollato, di mezzogiorno.

Lettera ufficiale (p. 47)

Ho l'onore di informare la S.V. dei fatti sotto esposti di cui ho potuto essere testimone tanto imparziale quanto orripilato. In questa stessa giornata, verso mezzogiorno, mi trovavo sulla piattaforma di un autobus che andava da rue de Courcelles verso place Champerret. Detto autobus era pieno, anzi piú che pieno, oso dire, perché il bigliettario aveva accolto un sovraccarico di numerosi postulanti, senza valide ragioni e mosso da una eccessiva bontà d'animo che lo portava oltre i limiti imposti dal regolamento e che pertanto rasentava il favoritismo. A ogni fermata il movimento bidirezionale dei passeggeri in salita e in discesa non mancava di provocare una certa ressa tale da incitare uno di detti passeggeri a protestare, anche se con qualche timidezza. Devo riconoscere che detto passeggero andava a sedersi non appena rilevatane la possibilità.

Mi si consenta di aggiungere al mio breve esposto un particolare degno di qualche rilievo: ho avuto l'occasione di riconoscere il sopra menzionato passeggero qualche tempo dopo in compagnia di un personaggio non meglio identificato. La conversazione intrapresa dai due con animazione sembrava vertere su questioni di natura estetica.

In considerazione di quanto sopra descritto prego la S.V. di voler cortesemente indicarmi le conseguenze che debbo trarre dai fatti elencati e l'atteggiamento che Ella riterrà opportuno che io assuma per quanto concerne la mia successiva condotta. Nell'attesa di un cortese riscontro assicuro alla S.V. i sensi della mia profonda considerazione e mi dico con osservanza... ecc. ecc.

Lettura Anonimo, *La metafora del bar.*

Questo breve pezzo "gira" nelle FAQ dei newsgroup e successivamente nei canali di discussione almeno dalla fine degli anni Novanta. Rimane ancora un efficace metodo per descrivere il funzionamento di un social network in genere, il quale, in un certo senso, riproduce dinamiche della vita vera. Lo stile, come si può notare, è completamente informale, a dimostrazione che anche un testo di bassa formalità può avere un altissimo contenuto comunicativo ed essere perfettamente adatto a un certo contesto.

> Il vecchio paragone del bar funziona sempre. Se provi a guardare questo NG come un bar capirai quasi tutto: il bar è un locale aperto al pubblico, in cui c'è gente che passa una volta soltanto per un caffè o per fare una telefonata urgente; ma ci sono anche frequentatori abituali, gente del quartiere, compagnie fisse, e qualcuno che addirittura vive quasi lì, seduto al suo tavolino di sempre davanti a una birretta piccola. La gente nuova è guardata con interesse e curiosità, gli abitueè [sic] commentano e pettegolano, e se qualcuno appena entrato si mette a sbraitare perchè [sic] nessuno lo serve all'istante, e magari picchia un pugno sul tavolo e sputa per terra, bè...quelli di sempre borbottano. E qualche testa calda, con tre grappe di troppo nello stomaco e su per la testa, magari lo prende a parolacce, lo afferra per la collottola e gli pianta un bel calcio in culo. Ma c'è anche tanta gente che entra, si siede tranquillamente, guarda lo sbronzo di turno che pontifica, ascolta le chiacchiere, abbozza un commentino sorridente, offre un giro di bianchi ai presenti. E diventa quasi subito uno di quelli di sempre.

X

La revisione del testo

Una volta scritto, faticosamente, il testo, molte persone pensano di avere sostanzialmente finito il lavoro. Manca, invece, un'ultima fase, altrettanto importante se si vuole essere per quanto possibile certi della validità del lavoro: quella della revisione. Un testo non rivisto, o rivisto in fretta, non sarà mondato di tutti gli errori e quindi darà un'impressione sciatta di noi e del nostro lavoro. Questo vale per tutti i tipi di testi destinati a essere letti da altri: dalla semplice email al professore a, per l'appunto, la tesi di laurea. La *hybris* di non avere bisogno di revisione è propria degli sciocchi![75]

Prima di iniziare il processo di revisione, possiamo prendere alcune precauzioni per migliorare la qualità del controllo.

Il primo è di **lasciare riposare il testo, prima di riprenderlo in mano**. Se si è appena finita la stesura, conviene farla decantare almeno per qualche ora, tempo nel quale cercheremo di pensare ad altro, di, scherzosamente, *aerare il cervello (prima di soggiornarvi)*. Ancora meglio sarebbe se avessimo qualche giorno intero a disposizione: solo allontanandoci dal testo riusciremo a vederlo in una prospettiva più disincantata, cogliendo anche errori o "garbugli" prima impossibili da vedere.

In secondo luogo, soprattutto per testi importanti, **conviene prevedere almeno un giro di correzioni su carta**. Non stampiamo inutilmente (gli alberi ci ringrazieranno); tuttavia è provato che le correzioni sul cartaceo si fanno molto meglio. Il testo scritto al computer presenta un problema fondamentale: "sembra pulito" sin dalla sua prima stesura, non mostrando tutto lo sforzo che, invece, mostra una brutta copia

75 Una lista di suggerimenti per la revisione dei testi viene fornita anche da Luisa Carrada sul suo sito: www.mestierediscrivere.com/articolo/revisione.

cartacea, con le sue cancellature, riscritture, i freghi e le stratificazioni di bianchetto. Questa apparente pulizia del testo rende più difficile **andare a fondo nella revisione**.

Per di più, ognuno di noi si affeziona al testo, steso con tanto sforzo. Questo fa sì che la maggior parte delle revisioni che compiamo con il word processor sia di spostamento di pezzi di testo di qua e di là, magari tagliando dei paragrafi che parcheggeremo, momentaneamente, in fondo al file, "tanto poi un posto dove infilarlo lo trovo": non riusciamo a buttare via quanto abbiamo scritto, e questo solitamente pregiudica la possibilità di fare una revisione davvero approfondita. Se stampiamo, siamo costretti a cambiare strategia e a diventare più severi con noi stessi.

Infine, è essenziale avere dubbi: non siete perfettamente sicuri di una grafia? Non vi ricordate come si scrive esattamente una parola straniera? Andate a controllare, piuttosto che fidarvi di quanto vi pare di ricordare! Sarà comunque praticamente impossibile licenziare un testo completamente privo di errori, ma almeno ci avremo provato!

Una lista molto particolareggiata di "domande di controllo" per una revisione efficace si trova in Grazia Basile, Anna Rosa Guerriero, Sergio Lubello, 2006, *Competenze linguistiche per l'accesso all'università*, Roma, Carocci (pp. 136-138), ma qui saremo molto più generici, indicando solo i punti principali da verificare.

Affrontiamo la revisione con entusiasmo, precisione e pazienza; la cosa migliore è procedere per livelli, rileggendo più volte ma concentrandoci ogni volta su un aspetto differente.

1. **La coerenza strutturale**:
   a. tutti i titoli dello stesso livello sono formattati allo stesso modo? I titoli dei capitoli, dei sottocapitoli e così via sono numerati in maniera coerente? Una facilitazione in questo senso è data dalla possibilità di lavorare con i fogli di stile di Word (per cui, sostanzialmente, ogni titolo di livello 1 è taggato Titolo 1, ogni titolo di livello 2 è taggato Titolo 2 e così via), cosa che poi permette anche di creare, in maniera automatica, il sommario del documento. Ma anche se così non fosse, occorre controllare a mano che il sistema della titolatura sia coerente.

b. Tutto il testo “normale” dei paragrafi è formattato allo stesso modo? A volte, copincollando pezzi, accade che le dimensioni del testo varino, o che addirittura sia diverso il font. Ovviamente occorre che il testo sia tutto omogeneo, senza variazioni ingiustificate. Controllare anche il carattere e le dimensioni delle citazioni fuori testo e delle note, e che tutto il testo sia giustificato.

c. Ci sono i numeri di pagina? Sono corretti, senza salti e altre stranezze? Talvolta, inserendo una sezione nel testo, succede che ci siano delle pagine prive di numerazione o con una numerazione diversa. Il carattere dei numeri di pagina è lo stesso del testo?

d. I margini, l’interlinea, i rientri di primo rigo, la spaziatura tra titoli e testo sono tutti omogenei?

e. I doppi e tripli spazi sono stati tutti tolti?

2. **La coerenza semantica**:

a. I titoli rappresentano il contenuto di quanto segue? (Talvolta riformuliamo il contenuto di un paragrafo e ci dimentichiamo di modificare di conseguenza anche il titolo).

b. Eventuali riferimenti incrociati tra una parte e l’altra del testo sono corretti? Non è che facciamo riferimento a un fantomatico capitolo 4 che poi abbiamo deciso di non scrivere?

c. L’introduzione presenta fedelmente il contenuto? La conclusione tiene conto di quanto detto effettivamente? (Non a caso, solitamente si consiglia di scrivere prima il succo del saggio e solo a posteriori aggiungere eventuali introduzioni e conclusioni: così il rischio di incoerenze di questo genere si riduce).

3. **Il testo vero e proprio**:

a. Il testo scorre?

b. Abbiamo detto quello che volevamo dire?

c. Ci sono punti deboli, dove l’argomentazione non fila o magari c’è bisogno di qualche ulteriore riprova o testimonianza a supporto?

d. Ci sono punti oscuri, poco comprensibili?
e. I periodi sono completi?
f. La sequenza argomentativa è chiara?
g. Lo stile è omogeneo?

4. Ortografia, sintassi, punteggiatura

a. Rileggiamo tutto, frase per frase, parola per parola. Ci sono errori, parole scritte male, interventi errati del correttore ortografico (come il povero Alberto Sobrero, troppo spesso ribattezzato Sombrero dal correttore di Word?), termini della cui grafia non siamo sicuri (*collutorio/colluttorio*, *accelerare/accellerare*)?
b. È difficile vedere gli errori ortografici, se non siamo avvezzi a ricercarli in un testo scritto. Più si ha l'abitudine alla lettura, più si avrà un'idea visiva dell'errore ortografico. Chi legge molto, infatti, nota l'errore quasi come se fosse scritto in rosso. Una buona strategia per combattere la cecità selettiva può essere quella di partire dal fondo del testo, così da essere costretti a leggere, per davvero, una parola per volta; questo però diventa praticamente impossibile con testi lunghi; in questo caso, cerchiamo di isolare visivamente la riga che stiamo leggendo coprendo il resto del testo con un foglio, o usando un righello: l'occhio sarà costretto a soffermarsi su quella riga senza correre oltre.
c. Le frasi sono della giusta lunghezza, né troppo brevi né troppo lunghe? Ci sono periodi rimasti in sospeso? La sintassi rende in maniera chiara il pensiero?
d. La punteggiatura è messa bene? Svolge il suo ruolo di guida sintattica al testo? Ci sono virgole sbagliate? Ci sono troppi punti e il testo appare franto? Sono stati inseriti dei punti e virgola "dubbi"? I segni doppi (parentesi, virgolette, lineette) sono tutti correttamente accoppiati?
e. Ci sono errori nei punti topici del testo? Sembra impossibile, ma talvolta gli errori peggiori si annidano nei titoli, sul frontespizio o addirittura in copertina. Ci concentriamo sulle minuzie e perdiamo di vista gli sbagli macroscopici.

Adesso, forse, il nostro testo è pronto: è stato pianificato con cura, scritto con precisione e revisionato con attenzione. È stata dura ma ce l'abbiamo fatta.

Appendice comica

I modi di dire, gli aforismi, le frasi fatte e i proverbi sono un terreno fertile per fraintendimenti, paretimologie e ricostruzioni di significati "a orecchio": oltre al caso del semplice equivoco, queste espressioni possono contenere termini desueti, di registri alti o specialistici, per cui accade che le persone "traducano" le parole sconosciute in termini più noti.

Prendiamo il caso di *alto bordo*. Molti non sanno che il *bordo* a cui si fa riferimento è il fianco delle imbarcazioni; quindi una barca con il bordo alto è una barca grande, non economica. L'accostamento *alto bordo* = 'di classe', 'costoso' non è, insomma, così immediato. Per questo, molte persone pensano che si dica *d'alto borgo* (per esempio: *prostituta d'alto borgo* per dire 'prostituta di classe'), con un occhio alla tradizione medievale italiana: in fondo, i borghi sono spesso in cima a una collina!

Spesso il risultato è involontariamente comico, a volte così tanto da far sì che l'espressione distorta entri a sua volta nell'uso (ironico), come è successo per *spezzare un'arancia* in luogo di *spezzare una lancia*. Un breve sondaggio tra i miei conoscenti su Facebook ha permesso di raccogliere un florilegio di malapropismi degno del repertorio dei migliori comici. Forse il modo migliore per chiudere questo libro.

- A 365 gradi (360)
- A caval DOMATO (donato)
- A DOC (ad hoc).
- A DORSO nudo (torso)
- A passo DUOMO (d'uomo)
- A SCOPO ritardato (scoppio)
- Ai posteri LARGA sentenza (l'ardua)
- Allo stato EBRAICO (brado)
- Alto BORGO (bordo)
- Avere il dono dell'OBLIQUITÀ (ubiquità)
- Avere il POLISTIROLO alto (colesterolo)

- BAGAGLIAIO culturale (bagaglio)
- BRULICARE nel buio (brancolare)
- Buonanotte ai SOGNATORI (suonatori)
- CAPO espiatorio (capro)
- CAPO RESPIRATORIO (capro espiatorio)
- CAPRIO espiatorio (capro; povero Leo)
- Cena a LUNA di candela... (lume)
- Chiedo NUMI (lumi)
- Colto in FRAGRANTE (flagrante)
- Dare ALITO (adito)
- Darsi delle ALI (arie)
- DIRAMARE un dubbio (dirimere)
- È stato un TOUR DE FRANCE (de force)
- È tutt'un altro paio di MANI (maniche)
- FAX simile (fac)
- Finché la VACCA va, lasciala andare (barca)
- Grazie, sei stata una MANNAIA dal cielo! (manna; ho sentito anche *sei stata una mamma dal cielo*)
- I REFERTI archeologici (reperti)
- Il risotto all'ONTA (onda)
- Il tallone DA KILLER (d'Achille)
- Il TRADE UNION è… (trait d'union)
- INCAUTA venenum (in cauda)
- Know OUT (how)
- L'ambulanza a sirene SPIETATE (spiegate)
- L'unico NEON è ecc. (neo)
- La BRANCHIE della scienza (branche)
- La par CONDITION (condicio)
- La vista IMPRENDIBILE (imperdibile)
- Lanciare un duro MONITOR (monito)
- Licenziare SUL tronco (in)
- Magra come una SIFILIDE (silfide)
- Matti DALLE GARE (da legare)
- Mettere in STAND BIKE (stand by)
- Non essere AFFERRATO in materia (ferrato)
- Questa stanza è così grande che sembra UN PORTO D'ARMI (una piazza d'arme)
- Spezzare un'ARANCIA (una lancia)

- Sui GENESIS (generis)
- Tanto va la gatta al LARGO che ci lascia lo zampino (lardo)
- TAPPARE le ali (tarpare)
- TARATURA morale (caratura)
- Un TRALCIO di pizza (trancio)
- Uniamo l'UTERO al dilettevole (utile)
- Volenti o DOLENTI (nolenti)

Ringraziamenti

Ringrazio Barbara Castiello e Gabriele Rubini, che in questi anni mi hanno dato preziose lezioni di resilienza;

Valentina Colazzo, Simona Cresti, Giuseppe Fraccalvieri, Andrea Michielotto, Chiara Angela Rocco e Maria Cristina Torchia per la preziosa rilettura e i consigli;

Francesca Ciaranfi per i suggerimenti "libreschi";

Valentina Falcinelli per una mano su Google;

Francesca Cialdini per l'aiuto nella revisione delle bozze;

Bruno Mastroianni per un indispensabile, tesissimo "brainstorming" dell'ultimo minuto;

Patrizia Bellucci e Nicoletta Maraschio per essere state le mie principali *magistrae*;

Danilo Gheno e Katalin Keresztesi per la pazienza e la capacità di scovare le minuzie. Ah, e per sopportarmi da quarant'anni;

infine, ringrazio tutti gli studenti che hanno frequentato il mio Laboratorio di Italiano Scritto all'università di Firenze nel corso degli anni: senza il loro contributo, questo libro non esisterebbe.

Questo libro è dedicato a Eva, che mi insegna cose nuove ogni giorno.